Geest en Simulatie

FEVZI H.

GEEST EN SIMULATIE

Is onze Perceptie van de Werkelijkheid een illusie?

2025

Geest en Simulatie

Fevzi H.

INHOUD

Over de auteur

Ik ben Fevzi H. , een denker en auteur met diepgaande kennis op het gebied van wetenschap en filosofie, die multidisciplinaire concepten onderzoekt. Ik bevraag de grenzen tussen de fysieke en metafysische werelden en ben op een intellectuele reis om de universele aard van bewustzijn te begrijpen. Jarenlang heb ik onderzoek gedaan naar onderwerpen als bewustzijn, kwantummechanica, parallelle universums en kunstmatige intelligentie, waarbij ik wetenschappelijke theorieën combineer met filosofische benaderingen om dieper in te gaan op de complexiteit van de menselijke geest.

In mijn geschriften presenteer ik radicale ideeën over de aard van het bewustzijn en de verbinding ervan met het universum. Door niet alleen wetenschappelijke gegevens te onderzoeken , maar ook het intellectuele erfgoed van de mensheid, wil ik mijn lezers nieuwe perspectieven bieden. Mijn schrijfstijl draait om het vereenvoudigen van complexe theorieën en het gebruiken van een taal die aanzet tot diep nadenken.

Elk van mijn werken nodigt lezers uit om een volgende stap te zetten in het ontrafelen van de mysteries van het universum en bewustzijn. Door moderne wetenschappelijke gedachte te combineren met filosofisch onderzoek, bied ik innovatieve en tot nadenken stemmende perspectieven op de aard van bewustzijn en de universele verbindingen ervan.

Voorwoord

De aard van de realiteit is een van de diepste en meest verwarrende vragen van de mensheid. Bestaan we echt op de manier waarop we waarnemen, of is onze ervaring van de realiteit slechts een illusie? Is de wereld die ons door onze zintuigen wordt gepresenteerd een getrouwe weergave van de waarheid, of is het een geavanceerde simulatie die door onze hersenen is gemaakt? Van oude filosofen tot moderne kwantumfysici heeft dit onderzoek de fundamenten van ons begrip gevormd.

Dit boek brengt meerdere disciplines samen om de grenzen van perceptie, bewustzijn en het universum zelf te verkennen. Het put uit filosofie, neurowetenschap, kwantumfysica en kunstmatige intelligentie en verdiept zich in de mysteries van het bestaan en de mogelijkheid dat wat wij "realiteit" noemen, iets veel complexer is dan we aannemen.

Door de lens van denkers als Plato, Descartes, Berkeley en Bostrom onderzoeken we filosofische perspectieven op de aard van de realiteit en de mogelijkheid dat we in een simulatie leven. Tegelijkertijd verkennen we de nieuwste wetenschappelijke ontdekkingen, van de bizarre principes van de kwantummechanica tot het vermogen van de hersenen om *perceptie vorm te geven en de implicaties van kunstmatige intelligentie bij het creëren van nieuwe gesimuleerde werelden.*

Als we in een simulatie leven, wat betekent dat dan? Is het universum een wiskundig construct, bestuurd door codes en algoritmes? Ervaart ons brein niet alleen een simulatie, maar genereert het ook zijn eigen? En misschien wel de meest intrigerende vraag van allemaal: als we in een simulatie zitten, is er dan een manier om te ontsnappen?

Dit boek is een intellectuele reis door het kruispunt van wetenschap, filosofie en technologie, ontworpen voor degenen die de grenzen van hun begrip willen verleggen. Wees bereid om alles wat je weet te heroverwegen, want de realiteit is misschien niet zo echt als het lijkt.

HOOFDSTUK 1

De basisprincipes van onze perceptie van de werkelijkheid

1.1 Wat is Realiteit? De grens tussen Perceptie en Waarheid

De realiteit is een van de fundamentele bouwstenen van ons leven; het vormt de muze waarop het geheel rust, en het vormt de ruimte waarin we bestaan en de sector ervaren. Dit concept is echter de zorg van filosofisch onderzoek geweest door de hele menselijke geschiedenis heen. Wat is de realiteit? Is de realiteit de essentie van alles, of zijn we gewoon gegrond in een fantasma? Deze vragen waren onderzocht vanuit zowel filosofische als wetenschappelijke gezichtspunten, wat leidde tot de ontwikkeling van talloze gezichtspunten. De grens tussen waarheid en perceptie is van vitaal belang voor deze informatie.

In filosofische termen wordt realiteit af en toe gebruikt om te verwijzen naar het doel internationaal, maar het kan ook worden gedefinieerd als een samenstelling gevormd met behulp van een idee. Om te bepalen over wat voor soort waarheid we het hebben, moeten we eerst de betekenis van het woord "feit" verduidelijken. Realiteit wordt normaal gesproken begrepen als de levens van externe items, onafhankelijk van het menselijke idee. Deze entiteiten worden verondersteld te bestaan, ongeacht onze erkenning ervan. Maar maakt de doelinterpretatie van feit de grens tussen perceptie en feit duidelijk?

De levensstijlen van fysieke verschijnselen, waaronder de aarde, het zonnestelsel, sterrenstelsels en de vorm van het universum, kunnen worden bevestigd door middel van klinische verklaringen. Deze verschijnselen suggereren de levensstijlen van een wereld die voorbij de menselijke focus ligt. De vraag of er al dan niet één simpele vorm van realiteit is, blijft echter ingewikkelder. Is realiteit een absoluut tijdloos construct, of is het een vorm die wordt gevormd via de percepties van elk individu?

Perceptie is de dichtstbijzijnde ervaring die we bij de waarheid zouden moeten zijn. Geloof is echter een privé- en subjectieve techniek. Onze zintuigen verkrijgen feiten uit de buitenwereld, die vervolgens worden geïnterpreteerd en begrepen door middel van de geest. Maar de nauwkeurigheid van ons idee is afhankelijk van hoe onze geest de sensorische registraties aanpakt. Met andere woorden, de externe realiteit wordt in onze geest gereconstrueerd door exclusieve procedures in onze geest.

Onze hersenen begrijpen niet alleen de gegevens van onze zintuigen, maar combineren deze ook met onze studies, culturele informatie en persoonlijke idealen. Op deze manier kan de ene persoon ook op een andere manier van de waarheid genieten dan de andere, omdat het geloof varieert in de pas met de hersenstructuur, emotionele staat en historische achtergrond van elk personage.

Bijvoorbeeld, iemand die op een drukke en lawaaiige stadsweg staat, kan de chaos ook op een unieke manier begrijpen. Voor hen kan de groep ook een puinhoop en verwarring lijken, terwijl voor een andere man of vrouw dit geval misschien gewoon een alledaags onderdeel van het dagelijks bestaan zou zijn. Deze verschillen benadrukken hoe subjectief het begrip is en laten zien dat elk mens de realiteit op een geheel eigen manier bekijkt.

Waarheid wordt over het algemeen begrepen als een objectief feit. Dit bestaat uit onveranderlijke entiteiten zoals de wettelijke richtlijnen van de natuur, wiskundige waarheden of standaardnormen die onafhankelijk van tijd en gebied bestaan. In filosofische termen verwijst feit naar datgene wat overeenkomt met "feit"; met andere woorden, feit is in overeenstemming met feit. Het in twijfel trekken van de levensstijlen van waarheid is echter al lang een onderwerp van discussie in de filosofie.

Veel filosofen hebben betoogd dat de realiteit voorbij de menselijke perceptie bestaat. Plato zocht feiten in het rijk van idealen en adviseerde dat het lichamelijke globale slechts een schaduw van dit hogere feit zou worden. Deze invalshoek dient als een essentiële plek om te beginnen met het denken over de aard van feiten en kennis, de beperkte structuur van het menselijk bewustzijn. Volgens Plato bestonden feiten meer in het intellectuele rijk dan in het externe internationale.

Aan de andere kant ziet Descartes' bekende dictum "Ik neem aan, dus ik ben" feiten als een individueel verificatieproces. Descartes twijfelde aan het leven van het lichamelijke globale , maar bevestigde het begrip van de gedachten. Deze techniek geeft perceptie als een intellectuele techniek die een individu in staat stelt om feiten te benaderen.

De grens tussen geloof en realiteit is belangrijk om te begrijpen hoe deze twee standaarden op elkaar inwerken en elkaar anders vormgeven. Terwijl realiteit regelmatig zichtbaar is als een weerspiegeling van geloof, blijft waarheid een dieper idee. Het menselijk bewustzijn krijgt misschien niet meteen toegang tot feiten, maar het probeert de externe wereld te interpreteren en te ervaren door middel van geloof.

In deze context is de realiteit vaak zichtbaar als een doelverificatie, maar omdat de percepties van de realiteit van mensen variëren, krijgt de waarheid een unieke betekenis voor elk individu. Een wetenschapper zou bijvoorbeeld experimenten kunnen uitvoeren om het karakter van het fysieke internationale te herkennen, terwijl een kunstenaar ook zou kunnen proberen de waarheid uit te drukken in zintuiglijke en esthetische termen. Beiden proberen de waarheid te vinden, maar elk volgt een unieke route en elk pad vertoont een uniek aspect van de waarheid.

De aard van de realiteit is een raadsel dat vanuit elk filosofisch en medisch oogpunt is aangepakt. Perceptie vervult een sleutelfunctie als onze nauwste genieting van de realiteit, terwijl de realiteit onveranderlijke, gebruikelijke ideeën vertegenwoordigt. De grens tussen de twee kan vaak dun en dubbelzinnig zijn. Onze geest neemt de realiteit slechts op een beperkte manier waar, en deze perceptie bestaat uit een unieke waarheid voor elke man of vrouw.

Uiteindelijk, zelfs als de waarheid een vaststaand leven kan blijven binnen de buitenwereld, zijn geloof en realiteit privé- en maatschappelijke constructies die voortdurend kunnen worden verwonderd. Dit proces leidt ons naar een diepere expertise van het karakter van feiten, zowel op karakter- als op typisch niveau.

1.2 De hersenen en informatieverwerking: de verbinding tussen de buitenwereld en onze geest

De geest is een van de meest complexe en essentiële organen in het menselijk lichaam, en dient als controlecentrum voor alle cognitieve vermogens, van basisprocedures voor het in stand houden van het bestaan tot de meest superieure factoren van geloof, redenering en aandacht. Onze kennis van de wereld om ons heen is niet alleen gebaseerd op onze zintuiglijke verhalen, maar ook op het moeilijke vermogen van de geest om die informatie te verwerken, interpreteren en integreren.

De hersenen fungeren als een uitzonderlijk geavanceerd gegevensverwerkingsapparaat . Ze krijgen input van de buitenwereld via sensorische organen, waaronder de ogen, oren, neusgaten en huid, die lichamelijke stimuli omzetten in elektrische signalen die met behulp van de hersenen kunnen worden geïnterpreteerd. De hersenen verwerken die signalen vervolgens, combineren ze met eerdere verslagen en herinneringen en genereren een coherente weergave van feiten.

Het centrale bezorgde apparaat speelt een belangrijke rol in deze methode. Wanneer licht de aandacht binnenkomt, wordt het gebroken op het netvlies, waar gespecialiseerde cellen (fotoreceptoren) het licht omzetten in elektrische signalen. Deze signalen reizen via de oogzenuw naar de zichtbare cortex, die de visuele registraties verwerkt en bijdraagt aan de creatie van het beeld dat we begrijpen. Op dezelfde manier worden geluiden opgevangen door de oren en omgezet in elektrische signalen die naar de auditieve cortex kunnen worden gestuurd voor interpretatie.

Deze sensorische inputs worden echter niet virtueel doorgegeven in hun ongekookte vorm. De interpretatie van sensorische statistieken door de hersenen wordt aangestuurd door middel van cognitieve processen, waaronder aandacht, verwachting, emotie en eerder begrip. Dit is wat ons in staat stelt om een intellectueel model te creëren van de arena om ons heen, waar we objecten, mensen en situaties waarnemen en erop reageren op een manier die niet alleen doelgericht is, maar ook betekenisvol voor ons.

Onze sensorische structuren bieden ons belangrijke gegevens over de externe wereld, maar de hersenen zijn verantwoordelijk voor het begrijpen van deze informatie. Bijvoorbeeld, wanneer we een warm voorwerp aanraken, detecteert onze huid de temperatuurverandering en sturen sensorische neuronen deze statistieken naar het ruggenmerg, dat het signaal vervolgens naar de hersenen doorstuurt. De hersenen verwerken deze feiten, vergelijken ze met voorgaande verhalen en registreren het gevoel van pijn. Dit systeem gebeurt zo snel dat we het vaak als een continue, onmiddellijke reactie waarnemen.

Maar het begrip gaat niet alleen over de ruwe invoer die we van onze zintuigen ontvangen; het gaat ook over hoe de hersenen deze statistieken organiseren en interpreteren. De hersenen doen voortdurend voorspellingen over de arena op basis van voorbije beoordelingen. Deze voorspellingen helpen de hersenen om sensorische informatie beter te verwerken. Dit fenomeen staat bekend als predictieve codering en het laat de hersenen snelle reacties op de wereld genereren zonder dat ze elk klein stukje gegevens in realtime hoeven te verwerken.

Bijvoorbeeld, terwijl we een object op ons af zien komen, maakt het brein gebruik van de voorafgaande informatie om de baan van het item te anticiperen en onze reacties aan te passen. Dit voorspellende proces is niet altijd beperkt tot simpele reflexen, maar strekt zich uit tot gecompliceerde cognitieve vermogens, bestaande uit taalbegrip en sociale interacties.

Een van de meest ongelooflijke eigenschappen van de hersenen is het vermogen om informatie van speciale sensorische modaliteiten te combineren tot een uniforme perceptie van de arena. Deze multisensorische integratie stelt ons in staat om een samenhangende mentale versie van de realiteit te creëren, ondanks het feit dat de informatie die we verkrijgen van verschillende zintuigen wordt verwerkt in afzonderlijke gebieden van de geest.

Bijvoorbeeld, wanneer we iemand zien praten, systematiseren we de zichtbare statistieken (inclusief lipbewegingen) in de visuele cortex en de auditieve feiten (zoals geluiden) in de auditieve cortex. De hersenen integreren vervolgens die bronnen van records om een perceptie van spraak te genereren die zowel de visuele als auditieve componenten mengt. Deze integratie is niet altijd ideaal, en af en toe is de geest meer gebaseerd op de ene ervaring dan op de andere, zoals terwijl we toch een verbale uitwisseling in een luide omgeving kunnen begrijpen door meer te vertrouwen op visuele signalen.

Interessant genoeg kan de geest ook informatie integreren van exclusieve sensorische modaliteiten, zelfs als er een discrepantie tussen hen is. Dit is duidelijk in situaties waarin illusies of mispercepties voorkomen. Bijvoorbeeld, de McGurk-impact is een fenomeen waarin conflicterende visuele en auditieve stimuli (inclusief een video van iemand die één zin zegt terwijl de audio een andere zegt) een perceptuele fantasie veroorzaken waarin de luisteraar iets hoort dat totaal exclusief is van wat er werkelijk wordt gezegd. Dit geeft aan hoe de hersenen kunnen worden gestimuleerd door het mengen van multisensorische records en hoe de externe internationale wordt gevormd door middel van deze procedure.

Terwijl sensorische informatie de inspiratie vormt voor onze kennis van de buitenwereld , zijn het de cognitieve procedures van de geest die deze informatie verfijnen en organiseren in samenhangende verhalen. Cognitieve tactieken, waaronder interesse, geheugen en redenering, zijn betrokken bij hoe we de sensorische input die we ontvangen interpreteren en er betekenis aan toekennen. Deze benaderingen helpen de geest bovendien feiten te filteren en te prioriteren, waardoor we ons bewust worden van wat het meest relevant is voor onze directe ervaring.

Interesse speelt bijvoorbeeld een cruciale rol bij het achterhalen welke feiten in het bewuste bewustzijn worden gebracht. De geest wordt gebombardeerd met een enorme hoeveelheid sensorische statistieken, maar aandacht stelt ons in staat om ons bewust te zijn van bepaalde factoren in de omgeving terwijl we ongepaste stimuli eruit filteren. Dit wordt geïllustreerd met behulp van het effect van een cocktailparty, waarbij we één gesprek in een lawaaiige kamer herkennen, ongeacht de aanwezigheid van andere concurrerende geluiden. Geheugen speelt ook een belangrijke rol bij het creëren van feiten, aangezien de hersenen hun versie van de sector voortdurend updaten en verfijnen op basis van nieuwe rapporten.

Redeneren en het oplossen van problemen dragen bovendien bij aan hoe we de sector waarnemen. De geest analyseert en evalueert voortdurend binnenkomende statistieken, doet voorspellingen over bestemmingsgebeurtenissen en formuleert reacties. Deze cognitieve procedures zijn belangrijk voor het aanpassen aan een dynamische wereld en het maken van selecties die voornamelijk gebaseerd zijn op onze informatie van voorbije beoordelingen.

Uiteindelijk resulteert de verwerking van data door de geest in bewustzijn: de subjectieve ervaring van het bewust zijn van onszelf en de omgeving om ons heen. Bewustzijn is een ingewikkeld fenomeen dat voortkomt uit de activiteit van de hersenen, met name in de corticale regio's van betere orde. De geest integreert feiten uit unieke sensorische modaliteiten, emotionele toestanden en cognitieve strategieën om een uniforme stroom van aandacht te bieden.

Ondanks groot onderzoek blijft de exacte aard van cognitie een van de meest diepgaande mysteries in de wetenschap. Hoewel we een trendy begrip hebben van de neurale mechanismen die betrokken zijn bij begrip en cognitie, blijft de vraag hoe de hersenen subjectieve ervaring genereren grotendeels onbeantwoord. Dit raadsel heeft geleid tot verschillende theorieën, variërend van het idee dat aandacht voortkomt uit unieke neurale circuits tot de mogelijkheid dat het een fundamenteel aspect van het universum kan zijn, vergelijkbaar met ruimte en tijd.

De geest vervult een waardevolle functie bij het vormgeven van onze ervaring van de werkelijkheid. Door zijn vermogen om statistieken uit de buitenwereld te bewerken en te combineren, construeert de hersenen een model van de arena die wij als actueel waarnemen. Dit systeem is echter geen eenvoudig gespiegeld beeld van de objectieve werkelijkheid. De interpretatie van sensorische feiten door de hersenen wordt geïnspireerd door het gebruik van cognitieve procedures, eerdere studies en verwachtingen, wat leidt tot een subjectieve en dynamische creatie van feiten.

Ons geloof in de wereld is niet altijd een passieve ontvangst van externe stimuli, maar een levendig proces waarbij de hersenen voortdurend hun model van de wereld updaten, voornamelijk op basis van nieuwe informatie. Deze techniek benadrukt de complexe en onderling verbonden aard van de relatie tussen de buitenwereld , de hersenen en het bewustzijn. Het begrijpen van deze verkering is essentieel om de mysteries van geloof, cognitie en de aard van de waarheid zelf te ontrafelen.

1.3 Zintuiglijke illusies: vertelt ons brein ons de waarheid?

Onze sensorische structuren, die bestaan uit zicht, gehoor, contact, smaak en geur, zijn de belangrijkste manier waarop we interactie hebben met en de wereld om ons heen begrijpen. Deze zintuigen stellen ons in staat om externe stimuli te begrijpen, en bieden de onbewerkte gegevens die de hersenen gebruiken om een coherente versie van feiten samen te stellen. Sensorisch geloof is echter meestal geen nauwkeurige illustratie van objectieve feiten. In feite creëren onze hersenen regelmatig illusies - vervormde percepties van de sector - die onze kennis van wat echt is, vervormen.

Zintuiglijke illusies ontstaan wanneer de geest de feiten die via onze zintuigen worden aangereikt verkeerd interpreteert, wat leidt tot een perceptie die niet overeenkomt met de werkelijke huizen van de externe internationale. Deze illusies zijn zeker geen fouten of systeemdefecten binnen zintuiglijke structuren; in plaats daarvan benadrukken ze de complexe benaderingen die betrokken zijn bij perceptie en de manier waarop de geest actief onze beleving van de werkelijkheid construeert. Illusies houden in de gaten dat onze zintuiglijke structuren niet passief onbewerkte statistieken naar de geest overbrengen, maar in plaats daarvan die statistieken actief modelleren en interpreteren, vaak op basis van eerdere studies, verwachtingen en contextuele statistieken.

Visuele illusies, samen met de bekende Müller-Lyer-illusie, laten bijvoorbeeld zien hoe onze geest kan worden misleid om spanningen als verschillend van lengte te zien, ondanks het feit dat ze identiek zijn. De hersenen gebruiken contextuele aanwijzingen, waaronder de route van pijlen aan de uiteinden van de lijnen, om intensiteit en hoek af te leiden, maar dit zal leiden tot een vervormde perceptie van grootte. Op dezelfde manier benadrukt de "jurk"-illusie, waarbij mensen een jurk zien als zowel wit en goud of blauw en zwart, afhankelijk van hun idee, hoe de hersenen van verschillende mensen dezelfde sensorische gegevens op enorm unieke manieren kunnen interpreteren.

Het fenomeen van auditieve illusies toont ook de neiging van de hersenen om aannames te doen over de arena. De "herderstoon" is een auditief fantoom dat het geloof creëert van een zonder einde in zicht stijgende toonhoogte, ook al is het geluid zelf gelust en stijgt het niet echt. Dit fantoom treedt op omdat de geest de frequentieverschuivingen decodeert op een manier die een continue opwaartse beweging laat zien, zelfs als er geen werkelijke verandering in toonhoogte plaatsvindt.

Onze sensorische systemen zijn geen perfecte detectoren van de wereld; ze zijn in plaats daarvan nauwkeurig afgestemd op systeemstatistieken op een manier die ons helpt om door onze omgeving te navigeren en verder te leven. De geest construeert actief onze ervaring van de arena op basis van sensorische input, voorkennis en voorspellingen. Deze methode dat onze perceptie van feiten geen specifiek duplicaat is van de externe internationale, maar een dynamisch en regelmatig onvolledig model gegenereerd door middel van de geest.

De geest gebruikt talloze mechanismen om sensorische feiten te interpreteren, waarvan er één top-down verwerking is. Dit verwijst terug naar het gebruik van eerdere kennis, verwachtingen en context door de geest om sensorische informatie te interpreteren. Wanneer we bijvoorbeeld een gedeeltelijk verduisterd item zien, maakt onze geest gebruik van eerdere ervaring om de gaten op te vullen en een compleet beeld van het item te creëren. Deze techniek is over het algemeen nuttig, maar kan ook leiden tot fouten of illusies wanneer de verwachtingen van de geest strijden met de echte sensorische invoer. In het geval van het Müller-Lyer-fantasma bijvoorbeeld, resulteren de aannames van de hersenen over intensiteit en hoek in een vervormd idee van de lengte van de lijn.

Naast de pinnacle-down processing vertrouwt de hersenen ook op backside-up processing, waarbij sensorische statistieken op een fundamenteel niveau worden geanalyseerd voordat ze worden opgenomen in een complexere overtuiging. Dit is de techniek waarmee de geest onbewerkte feiten uit de zintuigen haalt (zoals kleuren en vormen in visuele perceptie) en deze samenvoegt tot een significante representatie van de sector. Terwijl bottom-up processing de basis biedt voor overtuiging, is het de top-down processing van de geest die vaak de uiteindelijke ervaring vormgeeft.

Voorbeelden van zintuiglijke illusies

1. Visuele illusies: Visuele illusies zijn enkele van de bekendste voorbeelden van de manier waarop onze geest ons verkeerd kan informeren. Een van de bekendste zichtbare illusies is de Müller-Lyer-illusie, waarbij twee stammen van dezelfde lengte uitzonderlijk lang lijken vanwege de route van de pijlen aan hun uiteinden. Deze illusie vindt plaats omdat onze hersenen de stammen interpreteren binnen de context van diepte en hoek, wat leidt tot een vervormd gevoel van grootte. Een ander voorbeeld is de Kanizsa-driehoek, waarbij drie pacman-achtige figuren op een bepaalde manier gerangschikt de illusie van een driehoek in het midden creëren, ongeacht of er geen daadwerkelijke driehoek aanwezig is. Dit soort illusies benadrukken de afhankelijkheid van de hersenen

van context, eerdere beoordelingen en verwachtingen bij het opbouwen van zichtbare perceptie.

2. Auditieve illusies: Auditieve illusies tonen bovendien de actieve functie van de hersenen bij het ontwikkelen van onze ervaring van geluid. De Shepherd's toon is een auditieve illusie waarbij een reeks overlappende tonen de indruk wekt van een eindeloos stijgende toonhoogte, ook al wisselt de werkelijke toonhoogte van de tonen niet. Een andere beroemde auditieve illusie is het McGurk-effect, waarbij niet-passende zichtbare en auditieve stimuli een perceptie veroorzaken die niet overeenkomt met beide stimuli. Terwijl bijvoorbeeld de video van iemand die één lettergreep aankondigt (bijv ., "ba") wordt gecombineerd met de audio van een speciale lettergreep (bijv., "ga"), kunnen bezoekers bovendien een totaal andere lettergreep waarnemen (bijv., "da"), wat laat zien hoe de geest visuele en auditieve feiten op complexe manieren integreert.

3. Tastbare illusies: Tastbare illusies ontstaan wanneer onze ervaring van contact wordt misleid door externe factoren. Een voorbeeld is het cutane konijnenfantasma, waarbij een reeks kranen op de poriën en de huid in een bepaald patroon het gevoel creëert van een "konijn" dat over de huid huppelt, ondanks het feit dat er geen echte beweging plaatsvindt. Deze illusie laat zien hoe de hersenen sensorische input van verschillende plekken op de poriën en de huid vertalen en

percepties van beweging kunnen creëren wanneer deze niet langer oprecht aanwezig zijn.

4. Smaak- en geurillusies: Smaak en geur zijn ook vatbaar voor illusies. De smaak van zoetigheid kan worden gestimuleerd via de kleur van het eten of drinken, waarbij onderzoek aantoont dat mensen een drankje eerder als zoeter ervaren als het rood of paars gekleurd is, zelfs als het geen toegevoegde suiker bevat. Op dezelfde manier kan de geur van maaltijden worden veranderd door de context waarin het wordt geserveerd. Een maaltijd kan bijvoorbeeld aantrekkelijker ruiken als het wordt geserveerd in een aangename omgeving of vergezeld door bepaalde smaken.

Een van de belangrijkste motieven voor sensorische illusies is het vertrouwen van de geest op voorspelling en verwachting. De hersenen doen voortdurend voorspellingen over wat er gaat gebeuren, gebaseerd op eerdere verhalen en begrip. Deze voorspellingen vormen ons geloof in de wereld en stellen ons in staat om korte beslissingen te nemen. Echter, hoewel deze voorspellingen onjuist zijn, kan het resultaat een sensorische illusie zijn.

Bijvoorbeeld, als we in een donkere kamer zijn en we luisteren naar een geluid dat we interpreteren als een gekraak, dan verwacht onze geest mogelijk dat er iemand dichtbij beweegt. Als het lijkt alsof het geluid duidelijk de wind is, dan heeft onze hersenen de sensorische input verkeerd geïnterpreteerd op basis van zijn verwachtingen. Evenzo kan de hersenen in onzekere omstandigheden, zoals wanneer we worden geconfronteerd met dubbelzinnige visuele gegevens, de "gaten opvullen" op basis van externe ervaringen of contextuele signalen, wat leidt tot een vervormd of illusoir geloof.

Het fenomeen van perceptuele invulling illustreert op vergelijkbare wijze deze voorspellende manier. Wanneer we een scène observeren, zouden we ons bewust zijn van één component van de omgeving, bestaande uit het gezicht van een persoon of een bepaald item. Echter, de geest vult de ontbrekende details van het omringende gebied volledig in op basis van eerdere informatie en verwachtingen, wat af en toe kan leiden tot onnauwkeurigheden in ons begrip van de algehele scène.

Hoewel onze sensorische structuren opmerkelijk nauwkeurig zijn in veel omstandigheden, zijn ze niet onfeilbaar. De aanwezigheid van sensorische illusies geeft aan dat onze percepties van de sector niet constant directe weerspiegelingen zijn van objectieve feiten. In plaats daarvan worden ze gevormd door de verwerkingsmechanismen van de geest, die prioriteit geven aan prestaties, overleving en het tijdperk van die middelen. Sensorische illusies herinneren ons eraan dat wat we als werkelijk beschouwen, een vervormde of onvolledige representatie van de arena kan zijn.

Bovendien is sensorische nauwkeurigheid niet altijd uniform voor alle individuen. Mensen met verschillende sensorische gevoeligheden, neurologische aandoeningen of cognitieve vermogens kunnen illusies anders ervaren. Een paar individuen met synesthesie kunnen bijvoorbeeld ook geluiden als kleuringen begrijpen of smaken koppelen aan bepaalde vormen, wat leidt tot specifieke en persoonlijke ervaringen van de realiteit. Deze versies in sensorische verwerking benadrukken de subjectieve aard van geloof en de functie van de geest bij het construeren van individuele verhalen van de arena.

Zintuiglijke illusies bieden een fascinerend inkijkje in hoe de hersenen ons geloof in feiten construeren. Ze monitoren dat onze zintuigen niet langer passief gegevens verzamelen, maar deze actief interpreteren en systematiseren, vaak op manieren die resulteren in vervormde of onvolledige representaties van de externe wereld. De afhankelijkheid van de hersenen van voorspelling, context en eerdere expertise speelt een belangrijke rol bij het vormgeven van onze ervaring van de wereld, en wanneer die benaderingen mislukken, ontstaan zintuiglijke illusies.

Hoewel onze sensorische systemen fantastisch efficiënt zijn in het helpen navigeren door de arena, zijn ze nu niet perfect. De illusies die ze produceren benadrukken de gecompliceerde en dynamische aard van perceptie, evenals de manieren waarop de hersenen actief de waarheid construeren waar we van genieten. Inzicht in de mechanismen achter sensorische illusies geeft waardevolle inzichten in het karakter van perceptie en de grenzen van ons vermogen om objectieve feiten waar te nemen. Uiteindelijk herinneren onze sensorische beoordelingen ons eraan dat de hersenen niet altijd een absoluut passieve ontvanger van externe stimuli zijn, maar een actieve speler in de creatie van het feit dat we ervaren.

1.4 Dromen, hallucinaties en alternatieve realiteiten

De aard van de realiteit, zoals wij die waarnemen via onze zintuigen, is niet beperkt tot de wakende wereld alleen. Onze geest is in staat om hele werelden van genot te genereren, zelfs bij afwezigheid van externe stimuli. Deze uitwisselingsstaten van herkenning - of dit nu via dromen, hallucinaties of andere vormen van veranderde feiten is - monitoren diepgaande inzichten in hoe de geest de sector om ons heen construeert en vertaalt.

Dromen zijn een van de meest raadselachtige factoren van de menselijke aandacht. Ondanks eeuwen van culturele en mentale verkenning, hebben wetenschappers nog steeds een gedeeltelijke knowhow van waarom we dromen en hoe deze rapporten ontstaan. Dromen ontstaan tijdens de duur van het snelle oogbewegingsniveau (REM) van de slaap, een sectie die wordt gekenmerkt door verhoogde geestesinteresse, snelle oogacties en levendige zichtbare en sensorische rapporten.

Tijdens de REM-slaap is de hersenen vrij levendig en verwerkt vaak gevoelens, herinneringen en onopgeloste conflicten. Sommige theorieën suggereren dat dromen ook kunnen dienen als een vorm van cognitieve verwerking, die de hersenen helpt herinneringen te consolideren, emotionele beoordelingen te begrijpen of onopgeloste problemen uit het wakende bestaan op te lossen. Een andere theorie stelt dat verlangens in feite de manier zijn waarop de hersenen willekeurige neurale bezigheden sorteren, die vervolgens betekenis krijgen via de interpretatieve structuren van de hersenen.

Dromen zijn vaak buitengewoon subjectief, met beelden, onderwerpen en verhalen die beïnvloed kunnen worden door privéverslagen, angsten, doelen en onderbewuste gedachten. Een paar doelen, waaronder routinematige doelen, lucide doelen en nachtmerries, suggereren echter diepere psychologische of fysiologische verbindingen met ons wakende leven. Lucide dromen vinden bijvoorbeeld plaats terwijl de dromer op de hoogte raakt van de waarheid dat hij droomt en daadwerkelijk de mogelijkheid heeft om de gebeurtenissen in de droom te manipuleren. Dit type droom vereist situaties onze kennis van bewustzijn en de grenzen tussen de wakende wereld en de droomwereld.

De inhoud van dromen kan variëren van alledaagse verhalen tot surrealistische of fantastische situaties. Mensen melden vaak dat ze extreme emoties voelen in dromen, van vreugde tot angst, ondanks het feit dat ze begrijpen dat de berichten niet echt zijn. Deze emotionele reacties benadrukken het vermogen van de geest om een levendige en meeslepende ervaring te creëren, ondanks het feit dat de gebeurtenissen zelf niet in de fysieke wereld plaatsvinden. Dromen kunnen diep symbolisch zijn, met specifieke foto's of onderwerpen die een bepaalde betekenis hebben die verband houdt met de psyche van de dromer. Bijvoorbeeld, doelen van vliegen, vallen of achtervolgd worden zijn geen ongebruikelijke thema's waar veel mensen van genieten, en die vaak onbewuste angsten of dromen weerspiegelen.

Terwijl doelen ontstaan tijdens de slaap, zijn hallucinaties perceptuele studies die opkomen in de wakende natie, regelmatig in de afwezigheid van externe stimuli. Hallucinaties kunnen effect hebben op elk van de vijf zintuigen, van het zien van dingen die er niet zijn (zichtbare hallucinaties) tot het horen van niet-bestaande geluiden (auditieve hallucinaties). In tegenstelling tot doelen, die doorgaans worden begrepen als een vorm van innerlijke intellectuele verwerking, vertegenwoordigen hallucinaties een verstoring in de normale werking van sensorische verwerking.

Hallucinaties kunnen het gevolg zijn van een breed scala aan dingen, van mentale situaties zoals schizofrenie tot neurologische aandoeningen, drugsgebruik, sensorische deprivatie en zelfs slaapgebrek. Mensen met schizofrenie kunnen bijvoorbeeld ook genieten van auditieve hallucinaties, het horen van stemmen die anderen niet meer horen, wat verontrustend en verwarrend kan zijn. Op dezelfde manier kunnen mensen die getroffen zijn door delirium of hersenbeschadiging ook genieten van visuele hallucinaties, samen met het zien van voorwerpen of mensen die er niet zijn.

In sommige gevallen kunnen hallucinaties opzettelijk worden getriggerd, inclusief door het gebruik van bepaalde psychedelische stoffen. Deze tabletten, bestaande uit LSD, psilocybine (paddo's) en DMT, kunnen de normale sensorische verwerkingspaden van de hersenen aanpassen, wat leidt tot diepgaande vervormingen in het geloof. Mensen die onder de invloed van deze materialen zijn, kunnen ook heldere en vaak surrealistische visioenen ervaren, samen met het zien van geometrische patronen, het tegenkomen van mythische wezens of het ervaren van een gevoel van samensmelting met het universum.

De mechanismen achter hallucinaties zijn complex en betreffen aanpassingen in de chemie van de geest en neurale circuits. Sommige onderzoekers vertrouwen erop dat hallucinaties voortkomen uit de neiging van de geest om verwachtingen te genereren die volledig gebaseerd zijn op eerdere ervaringen en vervolgens sensorische gaten te 'vullen' terwijl externe stimuli ontoereikend zijn. In het geval van visuele hallucinaties zou de geest mogelijk beelden of situaties kunnen genereren die volledig gebaseerd zijn op eerdere ervaringen of emotionele toestanden, zelfs als er geen daadwerkelijke zichtbare ingang aanwezig is. Dit fenomeen suggereert dat perceptie geen passief proces is, maar een actieve constructie van de geest, waarbij de hersenen gebaseerd zijn op interne processen om de arena te voelen.

De ervaringen van verlangens en hallucinaties wijzen op het geloof in een nieuwe, doelwaarheid. Beide veranderde staten van herkenning bepleiten dat waarheid niet per se is wat wordt waargenomen door middel van de zintuigen, maar in plaats daarvan een complexe en dynamische samenstelling die wordt gecreëerd door middel van de geest. In het geval van verlangens construeert de hersenen hele werelden voornamelijk op basis van herinneringen, gevoelens en verbeelding, terwijl bij hallucinaties de hersenen sensorische studies creëren bij afwezigheid van externe stimuli.

Dit roept de vraag op: als het brein in staat is om hele werelden van geloof te genereren zonder enige input van buitenaf, wat zegt dat dan over de aard van feiten zelf? Als de geest heldere rapporten van de sector kan creëren die voornamelijk gebaseerd zijn op interne procedures, is onze perceptie van de externe wereld dan "echter" dan de werelden waarvan we genieten in verlangens of hallucinaties?

Filosofen hebben lang gedebatteerd over de aard van feiten en overtuigingen. Sommigen hebben betoogd dat al onze verhalen subjectief zijn en dat we de objectieve wereld nooit zomaar kunnen kennen buiten onze zintuigen om. Het idee dat de realiteit wordt opgebouwd via de geest, in plaats van dat we deze passief verwerven, suggereert dat onze percepties flexibeler en kneedbaarder kunnen zijn dan we ons realiseren. In die zin zijn dromen en hallucinaties niet zomaar anomalieën of afwijkingen van het gewone idee; ze zijn integraal aan de menselijke ervaring en bieden waardevolle inzichten in het vermogen van de geest om alternatieve realiteiten te construeren.

Een fascinerende factor van dromen en hallucinaties is hun vermogen om de grenzen tussen wat 'echt' is en wat 'ingebeeld' is te vervagen. In beide gevallen zijn de ervaringen opvallend glanzend en meeslepend, waardoor mensen zich vaak afvragen of ze de realiteit wel of niet ervaren. Bijvoorbeeld, mensen die genieten van lucide verlangens zijn zich er scherp van bewust dat ze dromen, maar in de droom zullen ze het gevoel hebben dat ze zich in een zeer echte en tastbare wereld bevinden. Op dezelfde manier kunnen mensen die hallucinaties ervaren ook interacteren met gehallucineerde apparaten of mensen alsof ze echt zijn, ook al hebben ze geen fysieke levensstijl.

Deze vervaging van obstakels heeft implicaties voor onze expertise van cognitie en de geest. Als de hersenen in staat zijn om studies te creëren die net zo echt aanvoelen als de studies die we in de fysieke wereld tegenkomen, daagt dit het geloof uit dat perceptie een directe weerspiegeling is van de objectieve realiteit. In plaats daarvan geeft het aan dat de realiteit in element een product is van de interne strategieën van de gedachten, beïnvloed door middel van herinneringen, emoties en verwachtingen. Deze visie komt overeen met theorieën in de filosofie en neurowetenschap die beweren dat waarheid geen vaststaand en doelgericht element is, maar een constant veranderende en subjectieve ervaring die wordt gevormd door de hersenen.

Dromen, hallucinaties en alternatieve realiteiten controleren de vloeibaarheid van de menselijke perceptie en stellen onze informatie over wat echt is ter discussie. Zowel verlangens als hallucinaties tonen aan dat de geest geen passieve ontvanger is van sensorische informatie, maar een energieke speler in het construeren van de sector waarin we genieten. Terwijl verlangens ontstaan tijdens de slaap, waardoor heldere en regelmatig symbolische situaties ontstaan, staan hallucinaties op in het wakende koninkrijk, verstoren ze de normale sensorische verwerking en leiden ze tot vervormde of volledig gefabriceerde beoordelingen.

Deze veranderde bewustzijnstoestanden versterken diepgaande vragen over de aard van de realiteit en het geloof. Als de geest in staat is om hele werelden van vreugde te laten groeien, wat zegt dat dan over onze perceptie van de buitenwereld? Zijn onze wakkere beoordelingen groter "echt" dan die welke we tegenkomen in doelen of hallucinaties? Uiteindelijk geeft de blik op verlangens, hallucinaties en kansenrealiteiten waardevolle inzichten in de ingewikkelde strategieën van perceptie van de hersenen en benadrukt de kneedbaarheid van de menselijke focus.

1.5 De neurowetenschap van perceptie: hoe de realiteit in onze hersenen wordt gecodeerd

Perceptie is het proces waarmee we de wereld om ons heen interpreteren en voelen, en zo onze kennis van de werkelijkheid vormgeven. Het is niet zomaar een weerspiegeling van de buitenwereld, maar een ingewikkelde cognitieve methode die met behulp van de hersenen wordt geconstrueerd. Onze zintuigen verzamelen statistieken uit de omgeving, maar het is de geest die deze informatie organiseert en interpreteert, en zo onze subjectieve ervaring van feiten creëert.

De menselijke geest is uitgerust met uitzonderlijk gespecialiseerde structuren die het mogelijk maken om sensorische statistieken waar te nemen, te ordenen en te interpreteren. Onze zintuigen - ogen, oren, huid, neus en tong - vormen de primaire lijn van verbale uitwisseling met de wereld. Ze verwerven stimuli uit de omgeving en zetten deze om in elektrische signalen die naar de hersenen kunnen worden verzonden. De hersenen nemen deze indicatoren echter niet passief over; in plaats daarvan interpreteren en construeren ze actief onze perceptie van de waarheid.

De kern van perceptie is het potentieel van de geest om zin te geven aan binnenkomende zintuiglijke gegevens met behulp van het integreren van statistieken van speciale zintuigen en het vergelijken ervan met bestaande informatie. Deze methode is niet altijd een oprechte weerspiegeling van de buitenwereld ; de geest doet voortdurend voorspellingen en veranderingen die volledig gebaseerd zijn op ervaringen van buitenaf en contextuele factoren. In essentie is geloof een optimistisch proces, waarbij de geest gaten in zintuiglijke statistieken opvult en zijn expertise aanpast om zin te geven aan dubbelzinnige of onvolledige informatie.

De perceptuele structuren van de geest zijn sterk afhankelijk van neurale netwerken en circuits die meer dan één gebied van de geest betrekken. Bijvoorbeeld, de nummer één zichtbare cortex benadert zichtbare feiten, net zoals de

Fevzi H.

auditieve cortex geluid benadert. Betere gebieden van de geest, zoals de prefrontale cortex, zijn echter verantwoordelijk voor het integreren van deze sensorische informatie met geheugen, interesse en cognitieve vermogens. Het is precies hier dat onze subjectieve ervaring van de waarheid vorm begint te krijgen, omdat de geest sensorische input vertaalt in de context van onze gevoelens, eerdere studies en verwachtingen.

De verwerking van sensorische gegevens door de geest begint op het moment dat het signalen ontvangt van de sensorische organen. Deze techniek vindt plaats in niveaus, waarbij elk niveau lagen van complexiteit toevoegt aan de informatie die wordt verwerkt. Bijvoorbeeld, terwijl we een object zien, komt er licht in het oog en wordt het gecentreerd op het netvlies, waar het door fotoreceptorcellen wordt omgezet in elektrische signalen. Deze signalen worden vervolgens verzonden naar de zichtbare cortex in de achterkant van de hersenen, waar ze op dezelfde manier worden verwerkt om vormen, kleuren en beweging te identificeren.

Maar zicht gaat niet altijd alleen over het detecteren van licht en schaduw; het vereist een betere verwerking die ons helpt te herkennen wat we zien. De geest houdt rekening met context, eerdere kennis en zelfs verwachtingen over wat we moeten zien. Dit is de reden waarom ons idee van de arena vaak wordt beïnvloed door wat we al beseffen of denken tegen te komen. Als we ons bijvoorbeeld in een bekende omgeving bevinden, gebruikt de hersenen die context om voorspellingen te doen over welke items mogelijk aanwezig zullen zijn en hoe ze eruit moeten zien, wat af en toe kan resulteren in misvattingen of illusies terwijl zaken afwijken van wat wordt voorspeld.

Op dezelfde manier werkt de auditieve gadget door het detecteren van geluidsgolven die het oor binnenkomen, die vervolgens kunnen worden omgezet in elektrische indicatoren die de geest strategieën. De auditieve cortex vertaalt die waarschuwingen, waardoor we geluiden kunnen begrijpen en spraakervaring kunnen opdoen. De hersenen integreren ook auditieve informatie met visuele en tactiele informatie, waardoor we de context van de geluiden die we horen kunnen herkennen. Bijvoorbeeld, wanneer we iemand horen praten, verwerkt onze geest niet alleen het geluid van de zinnen, maar interpreteert ook de emotionele toon en context van de verbale uitwisseling op basis van visuele signalen, zoals gezichtsuitdrukkingen en kadertaal.

De integratie van sensorische statistieken is een essentieel element van geloof. De geest combineert voortdurend input van unieke zintuigen, waaronder zicht, gehoor en contact, om een uniform en coherent begrip van de arena te creëren. Deze multisensorische integratie stelt ons in staat om efficiënt door onze omgeving te navigeren, van het spotten van gezichten tot het ontcijferen van de plaatsing van items in een gebied. Deze integratie kan echter ook leiden tot sensorische conflicten die van invloed zijn op ons geloof, waaronder terwijl visuele en auditieve registraties nu niet passen, wat leidt tot beoordelingen zoals het McGurk-effect, waarbij we een uniek geluid waarnemen op basis van wat we zien.

Terwijl sensorische verwerking de muze van het begrip is, zijn het de aandachtmechanismen en cognitieve kenmerken van de hersenen die onze ervaring vormen en verfijnen. Aandacht speelt een centrale rol bij het bepalen welke sensorische gegevens prioriteit krijgen en in detail worden verwerkt, en welke gegevens onopgemerkt blijven. Deze selectieve aandacht laat ons kennis nemen van essentiële stimuli in onze omgeving en tegelijkertijd irrelevante of afleidende feiten eruit filteren.

Aandacht is een dynamische en flexibele techniek, die ons in staat stelt om het bewustzijn te verschuiven op basis van de eisen van het scenario. Bijvoorbeeld, wanneer we gebruiken, is onze interesse doorgaans gericht op de weg en het omringende verkeer, waarbij we verschillende minder toepasbare sensorische input, zoals de communicatie die plaatsvindt in het voertuig, wegfilteren. Dit vermogen om selectief aandacht te besteden aan positieve stimuli wordt bestuurd door de aandachtsnetwerken van de geest, die regio's omvatten zoals de pariëtale cortex en de frontale kwab.

Echter, interesse is niet altijd helemaal correct. De cognitieve vooroordelen van de hersenen, ingegeven door emoties, eerdere studies en verwachtingen, kunnen het geloof verdraaien. Bijvoorbeeld, iemand die bang is voor puppy's kan hyperalert zijn voor elk teken van een hond in zijn omgeving, en zelfs een schaduw of vorm verwarren met een echte hond. Deze aandachtsbias leidt tot een verhoogd geloof in risico, zelfs als er geen direct gevaar is. Op deze manier kunnen onze gevoelens en cognitieve technieken de manier vormen waarop we de wereld begrijpen, wat soms leidt tot vervormingen of verkeerde interpretaties.

Bovendien kan top-downverwerking, waarbij de geest eerdere expertise en verwachtingen toepast om sensorische input te interpreteren, ook het begrip beïnvloeden. Wanneer we worden voorzien van dubbelzinnige of onvolledige statistieken, gebruikt het brein context en plezier om de gaten op te vullen en zin te geven aan wat we zien of horen. Bijvoorbeeld, terwijl we een zin lezen met ontbrekende letters of zinnen, zijn we regelmatig in staat om de gaten op te vullen op basis van onze kennis van taal en context, waardoor we de betekenis kunnen begrijpen ondanks de onvoltooide statistieken. Echter, dit vertrouwen op eerdere kennis kan ook illusies of misvattingen veroorzaken, waaronder het zien van gezichten in levenloze objecten of het horen van stemmen in willekeurige ruis.

Ondanks het opmerkelijke vermogen van de geest om een nauwkeurige illustratie van de arena te maken, is deze zeer vatbaar voor fouten. Perceptuele illusies ontstaan wanneer de hersenen sensorische informatie verkeerd interpreteren, waardoor een vervormd of onjuist begrip van feiten ontstaat. Deze illusies tonen de complexiteit van de manier waarop de hersenen sensorische informatie binnenkrijgen en de talrijke factoren die van invloed zijn op geloof.

Visuele illusies, bestaande uit het Müller-Lyer-fantasma (waar twee lijnen van dezelfde lengte specifiek lijken), benadrukken hoe de hersenen contextuele signalen gebruiken om lengte en afstand te interpreteren. In deze situatie baseren de hersenen zich op eerdere informatie over hoe lijnen zich over het algemeen gedragen in de wereld, waardoor ze de ene lijn als langer dan de andere begrijpen, ook al zijn ze even lang. Op dezelfde manier onthullen auditieve illusies, zoals de Shepard-toon (die de illusie van een constant stijgende toonhoogte creëert), hoe de hersenen geluid benaderen op een manier die kan leiden tot waarnemingsfouten.

Perceptuele illusies zijn niet alleen curiositeiten; ze bieden waardevolle inzichten in de onderliggende mechanismen van het brein. Door die illusies te analyseren, kunnen neurowetenschappers meer analyseren over hoe het brein sensorische gegevens verwerkt, voorspellingen doet en onze subjectieve ervaring van feiten construeert. Illusies monitoren de complexe wisselwerking tussen sensorische input, interesse, geheugen en cognitieve procedures, en benadrukken hoe de interpretatie van de wereld door het brein niet altijd een toegewijde weergave is van de objectieve realiteit.

Een van de meest charmante componenten van perceptie is de plasticiteit ervan: het vermogen van de geest om zijn perceptuele tactieken aan te passen en te veranderen, voornamelijk op basis van ervaring. Deze neurale plasticiteit stelt ons in staat om onderzoek te doen en ons aan te passen aan nieuwe omgevingen, en om te herstellen van verwondingen die effect hebben op sensorische verwerking. Bijvoorbeeld, terwijl iemand zijn zicht verliest, compenseert de hersenen dit door de afsluitende zintuigen te verbeteren, waaronder contact en luisteren, om te helpen navigeren door de omgeving.

Op dezelfde manier worden de perceptuele systemen van de hersenen continu gevormd door middel van genieten. Mensen die deelnemen aan sporten die een verhoogde sensorische herkenning vereisen, zoals muzikanten of atleten, kunnen gespecialiseerde perceptuele vaardigheden ontwikkelen die hen in staat stellen om feiten effectiever of met meer precisie te interpreteren. Deze aanpasbaarheid suggereert dat begrip geen vaste of rigide techniek is, maar een dynamische en flexibele die wordt gevormd door de voortdurende interactie van de geest met de sector.

Perceptie is eerlijk gezegd geen passief systeem van het ontvangen van sensorische data ; het is een levendige en dynamische creatie van feiten die ingewikkelde interacties omvat tussen sensorische invoer, aandacht, geheugen en cognitie. De geest integreert voortdurend data van verschillende sensorische structuren, doet voorspellingen op basis van buitenstudies en past zijn processen aan op basis van contextuele factoren en aandachtseisen. Deze procedure is echter niet onfeilbaar en de hersenen zijn kwetsbaar voor fouten in notie, wat leidt tot illusies en verkeerde interpretaties van de wereld.

De neurowetenschap van geloof biedt waardevolle inzichten in hoe de hersenen onze ervaring van de waarheid construeren en hoe het onze kennis van de arena vormgeeft. Hoewel het vermogen van de geest om een coherente en meeslepende ervaring van feiten te genereren uitstekend is, benadrukt het ook de beperkingen van onze overtuiging en de kneedbaarheid van menselijke aandacht. Door te analyseren hoe de hersenen sensorische statistieken verwerken, kunnen we een diepere kennis verwerven van de rol van de geest bij het vormgeven van onze ervaring van de arena en de methoden waarop de realiteit in onze hersenen wordt gecodeerd.

HOOFDSTUK 2

Filosofische perspectieven op simulatietheorie

2.1 Plato's allegorie van de grot: is de wereld die wij zien slechts een schaduw?

Plato's Allegorie van de Grot is een van de hoekstenen van de westerse filosofie en helpt ons het verschil tussen feit en perceptie te begrijpen. De allegorie benadrukt hoe het concept van "waarheid" voor elk individu op een andere manier wordt geconstrueerd en de manier waarop we de wereld waarnemen waarschijnlijk aanzienlijk wordt beperkt. Plato's vergelijking tussen de wereld van papierwerk en de schaduwen op de grotwand dient als een diepgaande metafoor die aansluit bij moderne interpretaties van het simulatieconcept.

In Plato's Allegorie van de Grot worden mensen afgebeeld als gevangenen die gevangen zitten in een donkere grot, kijkend naar schaduwen die op een muur worden geprojecteerd. Deze gevangenen waren op zo'n manier vastgeketend dat ze alleen de schaduwen van voorwerpen achter zich konden zien. Deze schaduwen zijn slechts weerspiegelingen van de werkelijke wereld buiten de grot. De gevangenen, die de buitenwereld nog nooit hebben gezien, beschouwen die schaduwen als waarheid. Een van de gevangenen ontsnapt uiteindelijk en ziet het licht buiten de grot. In eerste instantie verblindt de helderheid hem, maar door de jaren heen raakt hij bekend met de echte wereld en kent hij de aard van de waarheid. Hij keert terug naar de grot om het de anderen te vertellen, maar ze verzetten zich tegen zijn beweringen en verwerpen het idee dat er iets is voorbij hun schaduwen.

Deze allegorie dient als een diepe metafoor voor hypermoderne simulatietheorieën, waarbij wordt gedacht of de sector die we begrijpen wel echt is of slechts een illustratie. Net als de gevangenen in de grot, kunnen we beperkt zijn tot een beperkte hoeveelheid feiten, waarbij wat we genieten slechts een "schaduw" is van de echte wereld. Het idee dat de sector waarin we genieten niet de echte waarheid is, is een perceptie die aansluit bij de hypothese van de simulatietheorie, waarin onze percepties slechts een gesimuleerde versie zijn van een veel groter en ingewikkelder feit.

In Plato's filosofie ligt de werkelijke aard van feiten in het rijk van de "Vormen", die abstracte, perfecte en eeuwige idealen zijn. Het lichamelijke internationale, in lijn met Plato, is simpelweg een onvolmaakte illustratie van deze idealen. Deze perceptie loopt parallel aan de belangrijke vraag van het simulatie-idee: is de wereld die we begrijpen simpelweg echt, of is het slechts een simulatie? In het simulatieprincipe wordt voorgesteld dat het universum een kunstmatige samenstelling is, misschien gecreëerd door een geavanceerde intelligentie, zoals een supercomputer of AI. Op dezelfde manier bepleiten Plato's Vormen dat wat we ervaren via onze zintuigen een onbeduidend gespiegeld beeld is van een hogere, betere waarheid.

Zowel Plato's principe als het simulatieprincipe bevelen aan dat ons begrip van de realiteit inherent beperkt is en dat de echte aard van het leven verder gaat dan wat we kunnen waarnemen of geloven. Als we Plato's redenering volgen, zou de wereld die we ervaren analoog kunnen zijn aan de schaduwen op de grotwand - slechts een flauwe glimp van iets dat veel complexer en diepgaander is. Het idee dat feiten een kunstmatige simulatie zouden kunnen zijn, lijkt niet vergezocht wanneer we ze bekijken door de lens van Plato's idealisme.

Het simulatieprincipe sluit nauw aan bij de perceptie dat we, net als Plato's gevangenen, beperkt kunnen worden tot een synthetische realiteit met beperkte toegang tot wat er in werkelijkheid bestaat. Als de arena inderdaad een simulatie is, dan zijn wij, als de bevolking ervan, niet uniek in de gevangenen in de grot, maar alleen in staat om te zien en te begrijpen wat ons wordt gepresenteerd binnen de parameters van de simulatie. In het geval van virtuele werelden, augmented reality en virtuele simulaties, kunnen we bovendien meer losgekoppeld raken van de fysieke wereld en die opgebouwde ervaringen gewoonweg accepteren als de beste authentieke vorm van feiten.

Maar alleen omdat de gevangene die uit de grot ontsnapt de waarheid over de arena beseft, kunnen mensen die op de hoogte zijn van het idee van het simulatieconcept ook proberen de juiste aard van het bestaan te herkennen, voorbij wat hen is gegeven. Dit concept daagt de manier uit waarop we onze sensorische studies interpreteren. In de huidige tijd heeft virtual reality een geheel nieuwe laag van simulatie in ons leven gebracht, waarin digitale werelden de fysieke wereld nabootsen , maar ze vormen nog steeds het beste een ingetogen model van de werkelijkheid. De vraag blijft: als onze percepties worden geregeerd door een betere samenstelling, kunnen we dan ooit loskomen en de "buitenwereld" ervaren?

Simulatieconcept, hoewel gemengd met Plato's filosofie, biedt een dieper onderzoek naar manieren waarop focus betrekking heeft op het concept van waarheid. Als onze zintuiglijke verhalen en percepties gebaseerd zijn op een simulatie, hoe kunnen we dan verklaren iets te herkennen over de werkelijke aard van de sector? Plato's visie suggereert dat menselijke kennis beperkt is tot het gebied van verschijnselen, maar dieper bewustzijn ligt in het intellectuele en beste rijk. In dezelfde geest betoogt de simulatietheorie dat onze bewuste beoordelingen slechts projecties kunnen zijn die zijn gemaakt met behulp van een hoger systeem.

In deze context zal kennis zelf geen natuurlijke functie van de geest zijn, maar in plaats daarvan een opkomend bezit van de simulatie. Dit roept een uitstekende, diepere vraag op: als we in een simulatie leven, is onze herkenning dan een artefact van de gesimuleerde omgeving, of is er een manier voor onze geest om voorbij de grenzen van dit apparaat te gaan en de onderliggende realiteit te begrijpen? Plato's metafoor van de gevangenen in de grot suggereert dat het loskomen van de simulatie een verschuiving in geloof vereist - een beweging van onwetendheid naar kennis, van schaduw naar licht.

Plato's Allegorie van de Grot, bekeken door de lens van het simulatieprincipe, activeert ons om uit te nodigen: wat is waarheid? Als ons begrip van de sector beperkt is en voornamelijk gebaseerd op een simulatie, hoe kunnen we dan ooit echt de aard van het leven herkennen? Het simulatieprincipe en Plato's idealisme wijzen beide op de mogelijkheid dat onze zintuiglijke waarnemingen slechts schaduwen zijn van een dieper feit. Deze realisatie daagt de essentie van menselijke herkenning uit en dwingt ons om de grenzen van wat echt is en wat fantasma is te heroverwegen.

De allegorie en het simulatieconcept op de lange termijn stellen voor dat als ons leven inderdaad een simulatie is, onze kennis van de arena inherent ongeschikt is. Net zoals de gevangenen in de grot niet in staat zijn om de sector voorbij de schaduwen te realiseren, zo zouden wij ook opgesloten kunnen zitten in een simulatie die onze kennis van de werkelijke waarheid beperkt. In dit voorbeeld zal het nastreven van kennis en wijsheid niet langer alleen een intellectuele oefening worden, maar een zoektocht naar de onderliggende code die de werkelijke aard van levensstijlen kan bewaken. Net omdat de gevangenen de grot moeten verlaten om naar het licht te kijken, zouden wij er ook naar moeten streven om los te komen van de simulatie om een glimp op te vangen van de echte wereld daarbuiten.

2.2 Descartes en de twijfelachtige aard van de werkelijkheid: Ik denk, dus ik besta?

René Descartes, die vaak verscheen als de vader van de moderne filosofie, stelde het concept "Cogito, ergo sum" ("Ik veronderstel, dus ik ben") voor als een fundamentele realiteit in de knowhow-levensstijl. Deze aankondiging werd een reactie op zijn radicale scepsis - zijn benadering van het betwijfelen van alles , inclusief het leven van de buitenwereld en zijn eigen lichaam. Descartes' methode, cartesiaans scepticisme genoemd, sluit opvallend aan bij de hedendaagse vragen rondom simulatietheorie en het karakter van de realiteit. Descartes' meditaties bieden een diepgaande verkenning van twijfel, bewustzijn en de grenzen van menselijke expertise, die cruciaal zijn voor het voortdurende debat over de vraag of ons feit juist is of slechts een simulatie.

Descartes' filosofische avontuur begon met wat hij methodische twijfel noemde, een proces waarbij hij twijfelde aan alles waarvan hij wist dat het waar was om tot iets onbetwistbaars te komen. In zijn werk Meditations on First

Philosophy, stelde Descartes het bestaan van de externe wereld, samen met het fysieke frame, het universum of zelfs zijn eigen geest, ter discussie. Hij redeneerde dat het haalbaar werd dat elk van deze illusies gecreëerd konden worden door een externe druk of een misleidende demon - een idee dat parallel loopt aan het idee van een gesimuleerd feit waarin een gecompliceerde entiteit mogelijk de overtuiging van een individu zou manipuleren.

Descartes' scepticisme strekte zich zelfs uit tot de betrouwbaarheid van zijn zintuigen, die bedrogen zullen worden, zoals in het geval van optische illusies of doelen. Hij postuleerde dat onze zintuigen helemaal geen extern, objectief feit zullen weerspiegelen. Deze twijfel aan de zintuigen weerspiegelt de hedendaagse simulatietheorie, die laat zien dat de zintuiglijke ervaringen die we waarnemen waarschijnlijk kunstmatig gegenereerd zijn, wat ons ertoe aanzet om te betwijfelen of we ooit daadwerkelijk kunnen accepteren wat we ervaren.

De vraag "Wat is echt?" verandert niet alleen in een filosofisch onderzoek, maar ook in een kritische overweging in de context van simulatietheorie. Als de aard van de realiteit op deze manier in twijfel kan worden getrokken, wat zorgt er dan voor dat de arena om ons heen niet altijd duidelijk een simulatie is die is ontworpen om ons te misleiden? Descartes' argument, hoewel eeuwen eerder ontwikkeld dan het idee van digitale feiten of virtuele simulaties, biedt de intellectuele basis voor kennis over hoe we zouden kunnen bestaan in een gesimuleerd universum, en de manier waarop onze percepties zouden kunnen worden vervormd door gebruik te maken van een onzichtbare druk.

Terwijl Descartes aan het geheel twijfelde, kwam hij uiteindelijk tot de overtuiging dat de daad van twijfelen zelf een denkuitdaging vereiste om de daad van twijfel uit te voeren. Vandaar dat zijn welbekende einde, Cogito, ergo sum - "Ik denk, dus ik ben" - de enige onbetwistbare waarheid werd. Descartes betoogde dat het leven van zijn persoonlijke gedachten of focus niet in twijfel getrokken kon worden vanwege het feit dat hoewel een kwaadaardige demon hem had misleid over de buitenwereld, de daad van misleid worden zelf een vragende, bewuste entiteit vereiste om misleid te worden.

Deze filosofische perceptie dient als een belangrijk anker binnen de zoektocht naar waarheid te midden van onzekerheid. Voor Descartes veranderde de geest - ons vermogen om te denken, te twijfelen en een doel te stellen - in de inspiratie van het leven. In de context van het simulatieconcept roept dit een cruciale vraag op: als we inderdaad in een simulatie leven, wat is dan de aard van de geest binnen die simulatie? Descartes' nadruk op het denkprobleem benadrukt dat zelfs binnen een gesimuleerde realiteit de gedachten toch onafhankelijk van de gesimuleerde wereld kunnen bestaan, met behoud van zijn

Fevzi H.

vermogen tot twijfel, redeneren en zelfherkenning. Maar als het hele universum een simulatie is, wat suggereert dat dan voor het karakter van het bewustzijn? Kan focus oprecht bestaan zonder een fysieke realiteit om mee te interacteren?

Descartes introduceerde het idee van de kwade demon: een almachtig wezen dat ons mogelijk verkeerd zou kunnen inlichten en ons zou kunnen laten geloven dat de buitenwereld bestaat zoals wij die waarnemen, terwijl deze in werkelijkheid waarschijnlijk volledig gefabriceerd is. Dit concept voorspelt het moderne simulatie-idee, waarbij de "kwade demon" wordt vervangen door het concept van een superintelligente entiteit of geavanceerde kunstmatige intelligentie die een gesimuleerde waarheid creëert en controleert. In deze situatie zijn onze percepties van de sector geen weerspiegeling van een objectief, extern feit, maar worden ze in plaats daarvan gemanipuleerd via een externe kracht, net zoals een gesimuleerde omgeving via een computer kan worden beheerd.

De overeenkomsten tussen Descartes' kwade demon en simulatie-idee hangen. In beide gevallen zitten de gedachten gevangen in een gebouwd feit, niet in staat om de authentieke aard van levensstijlen te verifiëren. Net zoals Descartes zich afvroeg of we met onze zintuigen als waar zouden accepteren, daagt het simulatie-idee ons uit om ons af te vragen of we al dan niet een van onze percepties zullen overwegen als ze via een simulatie worden gecreëerd. Is onze expertise van de realiteit duidelijk een verzinsel, net als Descartes' ingebeelde wereld van bedrog?

Descartes' nadruk op de gedachten als de basis van de realiteit in een wereld vol twijfels resoneert diep met huidige zorgen over het karakter van het bewustzijn binnen het rijk van de simulatietheorie. Als we in een gesimuleerde wereld leven , dan zal de interactie van de geest met die simulatie een belangrijke factor van aandacht worden. Descartes beweerde dat de geest gescheiden is van het lichaam, een idee dat dualisme wordt genoemd. Deze visie roept intrigerende vragen op over het karakter van de geest in een gesimuleerde realiteit: als de geest onafhankelijk van het frame in de lichamelijke wereld kan denken, zou hij dan ook een rol moeten spelen in een simulatie? Zou de geest nog steeds zaken kunnen doen in een wereld waarin elke zintuiglijke ervaring wordt beheerd en vormgegeven door een externe kracht?

Bovendien geloofde Descartes dat de expertise van de buitenwereld via de zintuigen wordt gemedieerd, maar de zintuigen kunnen worden misleid. In het geval van het simulatie-idee konden de gedachten nog steeds een geconstrueerde waarheid waarnemen, waarschijnlijk gemanipuleerd door een hogere intelligentie. Dit roept de vraag op of onze herkenning in staat is om los te breken van de gesimuleerde grenzen om werkelijke informatie te verkrijgen of dat het permanent beperkt is tot het ervaren van een gefabriceerde realiteit.

Descartes' scepticisme en de daaropvolgende verklaring dat gedachten de meest effectieve onbetwistbare basis zijn voor begrip, blijven een belangrijk punt in filosofische debatten over de aard van feiten. Toch bouwt de simulatietheorie voort op Descartes' authentieke scepticisme, door te suggereren dat onze zintuigen ons niet alleen kunnen voorliegen, maar dat de hele wereld die we ervaren waarschijnlijk een illusie is, aangestuurd door een externe, kunstmatige machine. Deze visie verbreedt de reikwijdte van Descartes' oorspronkelijke twijfel door te impliceren dat de buitenwereld zelf mogelijk niet bestaat op de manier waarop wij die begrijpen.

Als de simulatietheorie standhoudt en onze waarheid kunstmatig is opgebouwd, zou Descartes' verklaring dat de gedachten de muze van de realiteit zijn, op dezelfde manier onderzocht kunnen worden. In een gesimuleerde globale zijn de gedachten waarschijnlijk een kritisch detail, maar de beoordelingen ervan zouden beperkt kunnen worden door middel van de structuur van de simulatie. Is Descartes' dualisme - zijn scheiding van geest en lichaam - niettemin in de praktijk als de lichamelijke globale een illusie is? Of zijn de gedachten zelf slechts een element van de simulatie, dat bestaat in de parameters die zijn ingesteld door de kunstmatige machine?

René Descartes' filosofische verkenning van twijfel en de aard van feiten biedt een diepgaande basis voor baanbrekende discussies over het karakter van het bestaan, met name in relatie tot simulatietheorie. Descartes' Cogito, ergo sum onderstreept de centrale rol van aandacht in kennisfeiten, maar simulatietheorie compliceert dit door de realiteit van de arena waarin kennis bestaat te denken. Of het nu in een wereld van externe misleiding is of in een gesimuleerd universum, Descartes' scepticisme blijft een cruciaal hulpmiddel voor kennis over de grenzen van menselijke informatie en de positie van het begrip bij het vormgeven van onze rapporten.

Terwijl we de filosofische implicaties van het simulatieprincipe blijven ontdekken, dienen de schilderijen van Descartes als toetssteen voor het vergelijken van hoe onze geest het feit waarin we bestaan systematiseert, interpreteert en uiteindelijk bevraagt. In een wereld die waarschijnlijk een simulatie is, blijft de kernvraag: als we bedrogen worden, hoe kunnen we dan ooit eerlijk herkennen wat echt is?

2.3 Berkeley en idealisme: als materie niet bestaat, wat is dan realiteit?

Het idee van idealisme, zoals voorgesteld door de 18e-eeuwse logicus George Berkeley, biedt een charmante lens waardoor het karakter van feiten kan worden bekeken - een lens die diep resoneert met moderne discussies over het

Fevzi H.

simulatieconcept. Berkeley's idealisme daagt de niet ongebruikelijke aanname uit dat de fysieke wereld onafhankelijk van onze perceptie ervan bestaat. Zijn beroemde dictum, "esse est percipi" (zijn is waargenomen worden), beweert dat waarheid alleen bestaat uit geesten en hun ideeën. Met andere woorden, de externe wereld bestaat niet buiten de percepties van bewuste wezens, en stoffen gadgets zijn het meest echt voor zover ze worden waargenomen.

Berkeley's idealisme lijkt op het eerste gezicht opmerkelijk uniek in zijn soort in het materialistische wereldbeeld, waarin het lichamelijke universum onafhankelijk van de menselijke perceptie bestaat. Maar wanneer het in de context van simulatietheorie wordt beschouwd, lijken Berkeley's gedachten een verrassende relevantie te hebben voor moderne filosofische vragen over de aard van feiten.

Het idealisme van George Berkeley komt voort uit zijn radicale taak aan het materialistische idee van de waarheid. Volgens Berkeley is het leven van objecten volledig afhankelijk van hun waarneming. Zonder een gedachte om ze waar te nemen, houden gadgets op te bestaan. In zijn werk A Treatise Concerning the Principles of Human Knowledge betoogt Berkeley dat alle lichamelijke gadgets in feite ideeën in de gedachten zijn, en dat deze ideeën in stand worden gehouden door God, die voortdurend de wereld in het bestaan waarneemt en in stand houdt. Voor Berkeley is er geen behoefte aan een stoffen substantie om de arena om ons heen te verklaren. In plaats daarvan is alles wat we leuk vinden - of het nu een rots, een boom of een planeet is - in werkelijkheid een idee in de gedachten, een item van begrip.

Deze visie daagt fundamenteel de materialistische aanname uit dat objecten onafhankelijk van de geest bestaan. Berkeley's argumentatie is gebaseerd op het concept dat onze zintuiglijke rapporten - zicht, contact, smaak, enzovoort - niet het resultaat zijn van interacties met een geest-onafhankelijke wereld , maar eerder een onderdeel zijn van een mentaal raamwerk. De buitenwereld is volgens Berkeley niet gemaakt van stoffen materialen, maar is in plaats daarvan een verzameling percepties, die in stand kunnen worden gehouden met behulp van een goddelijke geest. De vraag hoe de waarheid kan bestaan zonder materiële gadgets wordt door Berkeley beantwoord met de aankondiging dat alle dingen bestaan in de gedachten van God.

De connectie tussen Berkeley's idealisme en simulatie-idee wordt duidelijk als we ons het karakter van perceptie in een gesimuleerde realiteit herinneren. Als onze percepties van de wereld het resultaat zijn van een simulatie, dan bestaat de buitenwereld, net als Berkeley's idealisme, mogelijk niet onafhankelijk van ons geloof erin. In een gesimuleerd universum bestaat alles waar we van genieten - elk object, elk landschap, elke persoon - omdat de simulatie is ontworpen om die verhalen voor ons te leveren. De wereld bestaat nu niet buiten de simulatie; het bestaat omdat het wordt waargenomen door ons, de populatie van de simulatie.

Het simulatieconcept, dat stelt dat onze realiteit een door een pc gegenereerde simulatie is, heeft veel overeenkomsten met Berkeleys idealisme. In een simulatie zal de "lichamelijke" wereld om ons heen niets meer zijn dan een illusie die is gecreëerd met behulp van een geavanceerde computermachine. Net zoals Berkeleys idealisme het bestaan van een externe, stoffen wereld ontkent , suggereert het simulatieprincipe dat het fysieke universum dat we waarnemen niet "echt" is binnen het conventionele gevoel, maar eerder een keten van percepties is die is gegenereerd via een computermachine.

In zowel Berkeleys filosofie als simulatie-idee vervult perceptie een cruciale rol bij het constitueren van feiten. Berkeleys idealisme beweert dat items het beste bestaan voor zover ze worden waargenomen, en simulatietheorie stelt dat onze zintuiglijke beoordelingen geen interacties zijn met een externe globale , maar interacties met een gesimuleerde omgeving. Beide perspectieven adviseren dat waarheid niet altijd een onpartijdige entiteit is, maar daarentegen diep verweven is met de percepties van bewuste wezens.

Voor Berkeley is het leven van gadgets afhankelijk van het geloof in deze objecten. Als we stoppen met het waarnemen van een item, houdt het op te bestaan. In een simulatie vindt dit idee een opvallende echo: als we hoe dan ook de verbinding met de simulatie zouden verbreken of zouden voorkomen dat we de gesimuleerde wereld zouden waarnemen, zouden de gadgets erin ook niet meer bestaan. Het hele universum in een simulatie is niets meer dan een keten van feitenpunten en sensorische input, gecreëerd en onderhouden door het computerapparaat. Op deze manier ondermijnen Berkeley's idealisme en simulatieconcept beide de perceptie van een gedachte-onafhankelijke stoffen wereld.

Berkeleys idealisme eindigt in een interessante vraag: wat is de functie van de geest bij het ontwikkelen van feiten? Voor Berkeley is de geest, met name de geest van God, de laatste waarnemer die het leven van de sector in stand houdt. Binnen de context van het simulatie-idee wordt de positie van de geest echter overgedragen aan de makers van de simulatie. In dit voorbeeld ervaren de bewuste gedachten (menselijk of kunstmatig) een waarheid die is ontworpen, gegenereerd en beheerd door een externe bron.

Dit roept interessante vragen op over het karakter van bewustzijn en de datering ervan in de realiteit. In Berkeley's idealisme is aandacht de bron van alle waarheid, aangezien de arena het beste bestaat zoals deze wordt waargenomen door geesten. In een simulatie neemt bewustzijn - of het nu menselijk of synthetisch is - de sector waar binnen de grenzen van de simulatie, maar die perceptie wordt gegenereerd door middel van een extern computerapparaat. De gedachten zijn nog steeds cruciaal voor de ontwikkeling van waarheid, maar de percepties ervan worden gemedieerd door de simulatie, tonen omdat Berkeley's geest is gebaseerd op het goddelijke om het feit van de sector te behouden.

Een van Berkeley's belangrijkste bijdragen aan de filosofie was zijn taak aan het begrip stoffen substantie. Volgens Berkeley bestaan stoffen substanties - materie die onafhankelijk van de gedachten bestaat - niet. Alles wat bestaat zijn gedachten binnen de gedachten, en deze gedachten worden in stand gehouden door God. In dezelfde geest geeft het simulatieconcept aan dat het lichamelijke internationale, zoals wij het waarnemen, een fantasma is. De gadgets die we zien, contacteren en waarmee we omgaan, bestaan misschien niet in materiële zin, maar zijn in plaats daarvan gemaakt van een simulatie die is ontworpen om de illusie van een stoffen wereld te creëren.

Als de arena een simulatie is, dan zijn, net als Berkeley's gedachten, de gadgets die we begrijpen niet "echt" binnen de traditionele ervaring. De stoel waarin je zit, de grond onder je voeten en de lucht boven je maken allemaal deel uit van de gesimuleerde omgeving waar je van geniet. Deze objecten hebben misschien geen onpartijdig bestaan, maar ze zijn echt voor zover ze deel kunnen uitmaken van het gesimuleerde feit dat is gecreëerd om waar te nemen. Dit weerspiegelt Berkeley's visie dat de lichamelijke wereld niets meer is dan een verzameling percepties die in stand worden gehouden door een gedachte.

In Berkeleys idealisme wordt de wereld uiteindelijk in stand gehouden door de geest van God, die ervoor zorgt dat de sector blijft bestaan, zelfs als mensen hem niet waarnemen. In het simulatieconcept wordt de wereld in stand gehouden door de computationele energie van de makers van de simulatie, die verantwoordelijk zijn voor het in stand houden van de arena en ervoor zorgen dat deze blijft functioneren als een coherent, interactief apparaat. Net zoals Berkeley geloofde dat God de uiteindelijke waarnemer en instandhouder van de arena is, geeft de simulatietheorie aan dat er een schrijver of een groep makers kan zijn die de simulatie waarin we bestaan in stand houden.

Deze parallel tussen Berkeley's idealisme en simulatie-idee roept intrigerende filosofische vragen op over de aard van gedachten, de functie van geloof in het ontwikkelen van feiten en het vermogen van een auteur of controlerende kracht achter onze waarheid. Of we nu in een wereld leven die in stand wordt gehouden door goddelijke ideeën of in een wereld die in stand wordt gehouden door geavanceerde technologie, de vraag blijft: als vertrouwen niet onafhankelijk van perceptie bestaat, wat is dan de aard van feiten?

Het idealisme van George Berkeley biedt een angstaanjagend perspectief op de aard van de werkelijkheid, een perspectief dat de conventionele materialistische visie vereist en sterk resoneert met de vragen die worden gesteld door het simulatieconcept. Zowel het idealisme als het simulatieidee bevelen aan dat de sector die we waarnemen mogelijk geen objectieve, geest-onafhankelijke waarheid is, maar in plaats daarvan een verzameling percepties, hetzij in de gedachten of binnen een gesimuleerd systeem. De vraag wat realiteit vormt, wordt niet zomaar beantwoord, maar Berkeley's ideeën helpen de diepgaande filosofische implicaties van de simulatiespeculatie te verhelderen. Als afhankelijkheid niet bestaat op de manier waarop we het historisch begrijpen, dan kan de waarheid zelf veel ongrijpbaarder, ingewikkelder en afhankelijker van perceptie zijn dan we ooit hadden gedacht.

2.4 Bostrom's simulatieargument: wat is echt in het heelal?

In de 21e eeuw kwam een van de meest invloedrijke bijdragen aan de discussie over het simulatieconcept van logicus Nick Bostrom. In 2003 gaf Bostrom het inmiddels bekende Simulatieargument, dat suggereert dat het haalbaar is - of zelfs waarschijnlijk - dat onze hele realiteit een computergegenereerde simulatie is die is gemaakt met behulp van een geavanceerdere beschaving. Bostroms argument is naar voren gekomen als een relevante factor in de dialoog in elke filosofie en technologische knowhow-fictie, waarbij velen zich afvragen of we in een simulatie leven of dat onze percepties van het universum een echte, "echte" wereld repliceren.

Bostroms simulatie-argument is gebaseerd op een reeks waarschijnlijkheidsstellingen, gegrond in het idee dat minstens één op de drie stellingen waar moet zijn:

1. De menselijke soort zal uitsterven voordat het een posthumane fase bereikt: Deze stelling laat zien dat de mensheid op geen enkele manier de technologische mogelijkheden zal uitbreiden om verstandige, grootschalige simulaties van bewustzijn te creëren. Er kan een technologische barrière of existentieel risico zijn dat ons ervan weerhoudt dit geavanceerde koninkrijk te bereiken, wat betekent dat gesimuleerde realiteiten op geen enkele manier tot stand kunnen komen.

2. Een posthumane beschaving zou waarschijnlijk geen realistisch bewustzijn simuleren: Deze mogelijkheid veronderstelt dat hoewel de mensheid een posthuman koninkrijk bereikt met het vermogen om aandacht te simuleren, het er nu voor zou kunnen kiezen om deze simulaties niet meer te creëren. De motivaties om dit niet langer te doen zullen moreel, filosofisch of geassocieerd zijn met de gevaren van het creëren van omvangrijke, bewuste entiteiten binnen simulaties.

3. We leven vrijwel zeker in een simulatie: De 0,33-propositie is het meest controversiële en het enige dat het meeste debat heeft gegenereerd. Volgens Bostrom, als de twee

primaire proposities nep zijn - wat betekent dat geavanceerde beschavingen het tijdperk uitbreiden om aandacht te simuleren en ervoor kiezen om dat te bereiken - dan zou het aantal gesimuleerde realiteiten de "echte" realiteiten enorm moeten overtreffen. In dit geval neemt de kans dat mensen in een simulatie leven dramatisch toe. Als er miljarden gesimuleerde werelden zijn en slechts een klein aantal "echte" werelden, is het statistisch gezien waarschijnlijker dat we in een gesimuleerde realiteit leven.

Bostroms argument is gebaseerd op het idee dat, als een technologisch superieure beschaving de mogelijkheid heeft om bewustzijn te simuleren, het in staat zou zijn om simulaties te laten groeien die zo realistisch zijn dat de gesimuleerde wezens in hen misschien niet in staat zijn om de simulatie te onderscheiden van "feiten". Gegeven dit, zou het aantal simulaties de werkelijke werelden moeten overtreffen, en de mogelijkheid om in een simulatie te verblijven zou uiteindelijk erg groot kunnen worden.

De kern van Bostroms argument ligt in statistische redeneringen. Als toekomstige beschavingen in staat zijn om simulaties van kennis te creëren, en als ze ervoor kiezen om dat te doen, zou de grote verscheidenheid aan gesimuleerde bewuste wezens de grote verscheidenheid aan echte mensen ver kunnen overtreffen. In een hypothetisch lot met een vrijwel eindeloos scala aan simulaties, zou het scala aan gesimuleerde realiteiten het aantal echte, fysieke realiteiten kunnen drukken.

Om dit idee te illustreren, gebruikt Bostrom een probabilistische techniek: als we leven in een wereld waarin posthumane beschavingen het potentieel hebben om bewuste wezens te simuleren, dan zou de enorme hoeveelheid gesimuleerde entiteiten het overweldigend waarschijnlijk maken dat wij er een van zijn. Het argument berust op het geloof dat, gegeven voldoende tijd, een posthumane beschaving buitengewoon geïnspireerd zou kunnen worden om meerdere simulaties te creëren, misschien voor klinische, oude of recreatieve doeleinden. Hoe meer simulaties er zijn, hoe waarschijnlijker het statistisch gezien wordt dat we in één leven.

Dit conceptuele experiment introduceert een opwindende paradox: als we in een simulatie verblijven, wat is dan de aard van de "realiteit" waarvan we vertrouwen dat die echt is? Onze ervaringen, interacties en percepties zouden voor ons net zo echt zijn als de verslagen van iemand in een "echte" wereld. Toch kunnen we vanuit een kosmische houding niet echter zijn dan de personages in een pc-recreatie.

Bostroms simulatie-argument roept diepgaande vragen op over het karakter van de waarheid zelf. Als we dat aannemen, zouden we in een simulatie kunnen leven, wat onze expertise van levensstijlen uitdaagt. Wat betekent het om "echt" te zijn in een universum dat misschien niet "echt" is op de manier waarop we het historisch begrijpen? Is de waarheid het resultaat van een fysieke, onpartijdige wereld, of is het een samenstelling die is ontworpen door een hogere, superieure intelligentie?

Deze vragen resulteren in een herwaardering van onze primaire aannames over het leven. Als we in een simulatie zitten, dan wil onze perceptie van de lichamelijke wereld — de zon, de sterren, de aarde — misschien allemaal gefabriceerd worden, ontworpen om een coherent verhaal te creëren voor de bewoners van de simulatie. De ogenschijnlijk solide gadgets, de wetten van de fysica en het verstrijken van de tijd zijn misschien niet meer dan illusies gecreëerd door een computationeel gadget. In dit scenario kan de "echte" wereld ook buiten de simulatie liggen, maar het is niet mogelijk om er onmiddellijk toegang toe te krijgen of het te herkennen.

In dit licht verandert de vraag of we in een simulatie blijven niet alleen in een filosofische curiositeit, maar ook in een diepgaande opdracht aan onze theorie van de waarheid. Het dwingt ons om te heroverwegen wat "de echte wereld" inhoudt en of iets absoluut echt kan worden genoemd als het volledig in een simulatie bestaat.

Bostroms argumentatie duikt ook in de technologische en morele kwesties rond het creëren van simulaties. Als geavanceerde beschavingen het vermogen hebben om bewustzijn te simuleren, moeten ze dat dan doen? Welke ethische verantwoordelijkheden zouden zulke beschavingen kunnen hebben ten opzichte van de gesimuleerde wezens die ze uitvinden? Deze vragen zijn niet alleen theoretisch; ze nodigen ons uit om na te denken over de ethische implicaties van het creëren van simulaties van bewuste wezens en de mogelijke uitkomsten voor zowel de makers als de gecreëerde wezens.

Als simulaties worden gecreëerd met bewuste entiteiten die genieten van pijn, vreugde of strijd, dan wordt het ethische dilemma urgent: moeten de makers van die simulaties verantwoordelijk zijn voor het welzijn van hun gesimuleerde inwoners? Moeten de gesimuleerde entiteiten rechten hebben, of is hun leven slechts een middel tot een offer voor de makers van de simulatie? Deze morele kwesties brengen de mogelijke ethische implicaties van superieure technologie in het bewustzijn, met name in termen van kunstmatig bewustzijn en de creatie van gesimuleerde realiteiten.

Bostroms simulatie-argument brengt bovendien het filosofische probleem van solipsisme naar voren: het geloof dat de beste persoonlijke geest en percepties zeker bestaan. Als we in een simulatie leven, kunnen we ook het bestaan van alles buiten onze waargenomen waarheid in twijfel trekken. Zijn de mensen om ons heen echt, of zijn het echt programma's die in de simulatie draaien? Bestaat er een "echte" wereld voorbij de simulatie, en hoe kunnen we er dan ooit toegang toe krijgen of er iets over begrijpen?

Het simulatie-argument brengt in deze ervaring solipsisme in de wereld van technologische knowhow en generatie, door te vragen of de wereld die we ervaren vrijwel onafhankelijk is van onze geest, of dat het slechts een constructie is binnen een enorme en complexe simulatie. In veel opzichten versterkt het simulatie-argument de solipsistische zorgen die worden opgeroepen door Berkeley's idealisme, aangezien beide perspectieven aanbevelen dat wat we als realiteit waarnemen, veel wankeler kan zijn dan we ooit hadden gedacht.

Nick Bostroms simulatie-argument heeft een diepgaand effect gehad op hedendaagse filosofische en wetenschappelijke discussies over de aard van de werkelijkheid. Het presenteert een overtuigende zaak dat, gezien het vermogen van geavanceerde beschavingen om simulaties te creëren, de kans om in een gesimuleerd feit te verblijven veel groter kan zijn dan we denken. Het argument daagt onze meest fundamentele aannames over het universum uit en nodigt ons uit om de aard van het leven en onze nabijheid in de kosmos te heroverwegen.

Door de consequenties van Bostroms argument te onderzoeken, komen we tot een dieper begrip van wat het betekent om "werkelijk" te zijn in een universum dat misschien niet is zoals wij het waarnemen. Het simulatie-argument richt zich niet alleen op onze perspectieven van fysica, tijdperk en ethiek, het dwingt ons om de aard van het feit zelf onder ogen te zien. Als we inderdaad in een simulatie leven, wat is dan werkelijk? En belangrijker nog, wat houdt het in om werkelijk te zijn op de eerste locatie?

2.5 De historische evolutie van het simulatieconcept

Het concept dat de realiteit niet zal zijn wat het lijkt en dat onze percepties geïnspireerd of zelfs geconstrueerd kunnen worden door externe druk, heeft een lange en fascinerende geschiedenis. Het idee van simulatie, zoals we dat tegenwoordig begrijpen, is door de eeuwen heen geëvolueerd, gevormd door filosofische, medische en technologische vooruitgang. De reis van oude metafysische bespiegelingen naar moderne technologische theorieën van gesimuleerde realiteiten, die bekend zijn, laat veel zien over de voortdurende zoektocht van de mensheid om het karakter van levensstijlen en onze ruimte binnen het universum te begrijpen.

De vroegste filosofische bespiegelingen over simulatie kunnen worden herleid tot historische denkers die de aard van begrip en waarheid in twijfel trokken. Het concept dat de arena die we ervaren een illusie of een onbeduidende projectie zou kunnen zijn, werd beroemd verkend door Plato in zijn Allegorie van de Grot (rond 380 v.Chr.). In deze allegorie beschrijft Plato gevangenen die vastgeketend zijn in een grot, die alleen schaduwen op de muur kunnen zien door gadgets achter hen. Deze gevangenen verwarren de schaduwen met de realiteit omdat ze de gadgets zelf helemaal niet kunnen zien. Deze allegorie benadrukt de mogelijkheid dat wat wij als realiteit waarnemen slechts een vaag, vervormd spiegelbeeld van een diepere realiteit zou kunnen zijn, een onderwerp dat door de eeuwen heen zou kunnen resoneren naarmate discussies over fantasma en realiteit zich verspreidden .

Het concept van illusie en het karakter van waarheid werden op soortgelijke wijze onderzocht door latere filosofen, waaronder Descartes, wiens Meditaties over de Eerste Filosofie (1641) het idee van radicale twijfel naar voren brachten. Descartes stelde de waarheidsgetrouwheid van alle dingen, zelfs zijn eigen leven, op beroemde wijze ter discussie, aangezien hij onder invloed zou kunnen staan van een bedrieglijke demon - een externe druk die zijn percepties beheerste. Hoewel Descartes dit niet expliciet als een "simulatie" belichaamde, zouden zijn filosofische overpeinzingen de basis leggen voor latere gedachten die bedrog en de ontwikkeling van feiten zouden koppelen aan technologische en metafysische constructies.

Naarmate het medische denken vorderde, deed de verkenning van de verbinding tussen realiteit en idee dat ook. In de 17e en 18e eeuw zorgde de ontwikkeling van empirisme en rationalisme voor nieuwe benaderingen van kennis, de zintuigen en de rol van gedachten bij het vormgeven van onze ervaring van de sector. Denkers als John Locke, George Berkeley en Immanuel Kant richtten zich op de aard van waarheid en perceptie, en beïnvloedden uiteindelijk het discours dat het simulatieprincipe zou kunnen omringen.

Berkeley, bijvoorbeeld, bepleitte beroemd idealisme: de perceptie dat stoffen gadgets niet langer onafhankelijk van gedachten bestaan. In zijn werk A Treatise Concerning the Principles of Human Knowledge (1710) stelde hij voor dat waarheid volledig wordt opgebouwd door middel van perceptie en dat ieders levensstijl afhankelijk is van de geest van God. Hoewel Berkeley zijn gedachten niet in termen van simulatie vormde, komt zijn argument dat de externe wereld afhankelijk is van perceptie overeen met latere noties van feit als een constructie, en voorspelt hedendaagse ideeën van gesimuleerde of digitale realiteiten.

Immanuel Kant presenteerde in zijn Kritiek van de zuivere rede (1781) een genuanceerder perspectief met behulp van de stelling dat mensen de wereld niet kunnen herkennen zoals die absoluut is, eenvoudig zoals die ons lijkt door de lens van onze zintuiglijke scholen en mentale categorieën. Kants werk riep vragen op over de grenzen van het menselijk begrip, en suggereerde dat we nooit toegang kunnen krijgen tot het "ding-op-zichzelf" (de ware aard van de waarheid) en dat onze verslagen voortdurend worden gemedieerd met behulp van de structuren van de gedachten. Dit roept de mogelijkheid op dat onze verslagen, en dus onze informatie over de werkelijkheid, inherent beperkt en potentieel gemanipuleerd kunnen zijn door externe krachten - een onderwerp dat relevant is voor het concept van simulaties.

De twintigste eeuw was getuige van de snelle vooruitgang van de technologie, en daarmee begonnen nieuwe discussies over de aard van de waarheid vorm te krijgen. De ontwikkeling van computers, virtuele waarheid en cybernetica leverde de mogelijkheid op dat de realiteit kunstmatig kan worden opgebouwd of gemanipuleerd door middel van machines. Halverwege de twintigste eeuw onderzochten denkers als Norbert Wiener, die de sfeer van de cybernetica baseerde, het concept van structuren van manipulatie en opmerkingenlussen in zowel biologische als mechanische structuren. Deze gedachten zouden later van invloed kunnen zijn op discussies over synthetische intelligentie en simulaties, wat suggereert dat machines vroeg of laat focus en de realiteit zelf zouden kunnen simuleren.

Op het gebied van technologische knowhowfictie is het concept van gesimuleerde realiteiten een onderscheidend onderwerp geworden in de late 20e eeuw. Werken als The Matrix (1999) en Neuromancer (1984) brachten het idee van gesimuleerde werelden naar de voorgrond van de beroemde manier van leven. Deze getuigenissen beeldden personages af die leefden in gesimuleerde omgevingen die niet te onderscheiden waren van "echte" feiten, wat vragen opriep over de aard van bewustzijn, vrijheid en de controle die werd uitgeoefend door krachtige entiteiten. Het idee dat simulaties zo superieur zouden kunnen zijn dat ze niet te onderscheiden zouden zijn van de echte realiteit, sprak tot de verbeelding van zowel het grote publiek als filosofen.

Het concept van het simulatieprincipe zoals we dat tegenwoordig kennen, is voor een groot deel te danken aan het werk van filosoof Nick Bostrom, die in 2003 het simulatieargument formuleerde, dat suggereert dat het levensvatbaar is - of misschien wel waarschijnlijk - dat we leven in een gesimuleerde werkelijkheid die is gecreëerd door een gecompliceerde beschaving. Voortbouwend op het werk van eerdere filosofen introduceerde Bostrom de perceptie van "posthumane beschavingen" die in staat zijn om uitgebreide, onderscheidende simulaties van bewuste wezens te maken. Zijn argument biedt een statistische toewijzing aan onze perceptie van feiten, wat suggereert dat als superieure beschavingen dergelijke simulaties creëren, het veel waarschijnlijker is dat we in een wereld leven dan in een "echte" wereld.

Bostroms schilderijen introduceerden filosofische vragen over feiten, ideeën en de aard van focus met baanbrekende technologische trends, en lieten een nieuw raamwerk voor het idee van expertisesimulatie groeien. Zijn simulatieargument verhief de communicatie voorbij filosofische bespiegelingen, en introduceerde de mogelijkheid dat geavanceerde technologieën binnenkort simulaties zouden kunnen creëren die zo state-of-the-art zijn dat ze niet te onderscheiden zijn van de werkelijke, fysieke waarheid.

In de 21e eeuw hebben verbeteringen in virtual reality (VR), kunstmatige intelligentie (AI) en quantum computing het discours rondom simulatieprincipes verder verbeterd. Naarmate de generatie verbetert, wordt het idee om simulaties te creëren die sterk lijken op of zelfs menselijke ervaringen repliceren, extra potentieel. Virtuele werelden, samen met die gecreëerd in VR-omgevingen, zijn steeds realistischer geworden, waardoor er ruimte is voor de introductie van hele werelden die de fysieke wereld nabootsen , compleet met kunstmatige intelligenties die op steeds geavanceerdere manieren interactie hebben met menselijke klanten.

Naarmate deze technologieën zich blijven uitbreiden, zijn de sporen tussen wat "werkelijk" is en wat "gesimuleerd" is steeds vager geworden. Zo heeft de digitale realiteit al rapporten gecreëerd die meeslepend en overtuigend genoeg zijn om de zintuigen te misleiden. AI-systemen beginnen ondertussen menselijk gedrag te simuleren, wat leidt tot vragen over de aard van bewustzijn en het vermogen van machines om zelfbewust te worden. Deze ontwikkelingen suggereren dat het lot van het simulatietijdperk ons begrip van wat waarheid is aanzienlijk zou moeten veranderen.

Het idee van simulatie is geëvolueerd van historische filosofische vragen over perceptie en realiteit naar een geavanceerde hedendaagse theorie die filosofie, wetenschap en technologie combineert. Van Plato's Allegorie van de Grot tot Bostroms Simulatie Argument, het idee dat onze waarheid een fantasma of een geconstrueerde simulatie kan zijn, is een belangrijke uitdaging geweest voor denkers in de geschiedenis. Met de snelle vooruitgang van technologie is de vraag of we in een simulatie verblijven nu niet alleen een filosofische vraag, maar ook een verstandige kwestie die de gebieden van computertechnologie, kunstmatige intelligentie en neurowetenschappen kruist.

Terwijl we de grenzen van het tijdperk blijven verleggen, zal het idee van gesimuleerde realiteiten waarschijnlijk blijven evolueren, wat onze kennis van wat het betekent om "werkelijk" te zijn, zal versterken en ons zal dwingen om diepe vragen over bestaan, bewustzijn en de aard van het universum zelf onder ogen te zien. De historische evolutie van het simulatieprincipe, van historische filosofie tot huidige technologie, illustreert de blijvende fascinatie van de mensheid voor de aard van feiten en onze regio daarbinnen.

HOOFDSTUK 3

Kwantumfysica en de aard van de werkelijkheid

3.1 Kwantummechanica: is de werkelijkheid vaststaand of bestaat ze uit waarschijnlijkheden?

De aard van de werkelijkheid is een essentiële vraag geweest in de loop van menselijke verslagen, die zowel filosofen als wetenschappers verleidt. Klassieke fysica geeft aan dat het universum opereert onder deterministische en goed gedefinieerde wetten, terwijl de kwantummechanica een waarheid beroemd maakt die onzeker, waarschijnlijk en ingegeven is door commentaar. De opkomst van de kwantummechanica heeft ons begrip van de essentiële structuur van het universum gerevolutioneerd, maar het heeft ook diepgaande klinische en filosofische vragen opgeroepen over het karakter van de werkelijkheid zelf.

De kwantummechanica werd ontwikkeld in het begin van de twintigste eeuw om een verklaring te bieden voor natuurlijke fenomenen die de klassieke fysica niet kon beschrijven. Max Plancks schilderijen over zwartelichaamsstraling en zijn suggestie dat energie wordt uitgezonden in discrete pakketten (quanta) legden de basis voor het kwantumidee. In 1905 stelde Albert Einstein vast dat licht zich niet alleen als een golf zou moeten gedragen, maar ook als een deeltje (foton) via zijn uitleg van het foto-elektrisch effect.

Deze ontdekkingen voegden een opvallend nieuwe houding toe aan hoe de realiteit op de kleinste schaal werkt, en vervingen het determinisme van de klassieke natuurkunde door onzekerheid en toeval. Terwijl de Newtoniaanse natuurkunde aanbeval dat het universum bepaalde, voorspelbare wetten vergezelde, introduceerde de kwantummmechanica het idee dat feiten zelf in essentie waarschijnlijk zijn.

Een van de eerste aanwijzingen dat feiten niet zo stabiel zullen zijn als ze lijken, komt van de golf-deeltje dualiteit van aantal en kracht. Louis de Broglie's speculatie introduceerde het idee dat deeltjes, bestaande uit elektronen, zowel golfachtig als deeltjesachtig gedrag kunnen vertonen.

Experimenten hebben aangetoond dat elektronen nu in meerdere toestanden kunnen bestaan, zich gedragend als golven wanneer ze niet gevonden worden en als deeltjes wanneer ze gemeten worden. Dit fenomeen vraagt meteen om situaties die ons conventionele begrip van feiten vereisen: als een object zowel een golf als een deeltje kan zijn, hoe kan het land dan absoluut gedefinieerd worden?

De meest bekende demonstratie van golf-deeltje dualiteit is de dubbelspleettest. Wanneer elektronen of fotonen worden afgevuurd op een barrière met twee spleten, bedenken ze een interferentiemonster, dat zich gedraagt als golven. Echter, terwijl we proberen te onderzoeken door welke spleet ze gaan, verdwijnt het interferentiemonster, en het puin gedraagt zich alsof ze door de beste ene spleet zijn gegaan.

Dit experiment suggereert dat de uitspraak zelf de fysieke waarheid verandert. In plaats van een harde en snelle en objectieve realiteit, lijkt de kwantuminternationale te worden gevormd door middel van dimensie en interactie, wat het concept versterkt dat waarheid niet altijd absoluut is, maar wel waarschijnlijk.

Werner Heisenberg voegde in 1927 het onzekerheidsprincipe toe, dat is een van de middelste principes van de kwantummechanica. Volgens dit principe is het onmogelijk om gelijktijdig zowel de positie als het momentum van een deeltje exact te bepalen. Hoe nauwkeuriger het ene bekend is, hoe onzekerder het andere zal worden.

Dit principe impliceert dat de essentiële aard van het universum niet constant en vooraf bepaald is, maar inherent onzeker. In tegenstelling tot de klassieke fysica, die objecten beschrijft met unieke metingen, beschrijft de kwantummechanica de realiteit in termen van kansen.

Heisenbergs onzekerheidsvoorschrift is niet alleen een theoretisch concept, maar een essentieel onderdeel van de natuur. In plaats van een bepaalde omgeving aan een elektron toe te wijzen, biedt de kwantummechanica een kansverdeling die beschrijft waar het elektron zich zou kunnen bevinden. Dit daagt het geloof uit dat de realiteit een rigide vorm is en geeft het eerder een fluctuerende en probabilistische entiteit.

Een ander belangrijk idee in de kwantummechanica is superpositie, waarbij een deeltje in meerdere toestanden tegelijk bestaat totdat het wordt gemeten. Een elektron kan bijvoorbeeld in meerdere uitzonderlijke banen tegelijk zijn, maar terwijl het wordt bepaald, "stort het in" in een enkele toestand.

Dit daagt onze knowhow van fysieke waarheid uit, omdat het suggereert dat een object vóór de dimensie bestaat als een toevallige golf in plaats van als een precieze entiteit. De handeling van observatie dwingt het direct in een ongehuwd, goed beschreven land.

Dit fenomeen wordt geïllustreerd met behulp van Schrödingers kattenparadox, waarin een kat in een gesloten doos tegelijkertijd levend en dood is vanwege kwantumsuperpositie. Zodra de doos echter wordt geopend, wordt de kat in slechts één exact land aangetroffen: levend of dood. Deze paradox benadrukt hoe uitspraken de waarheid beïnvloeden en kwantummogelijkheden dwingen tot een enkel eindresultaat.

Het model van feiten dat door de kwantummechanica wordt beschreven, is in wezen uitzonderlijk ten opzichte van dat van de klassieke fysica. Terwijl de Newtoniaanse fysica een universum presenteert dat wordt bestuurd door middel van strikte motief-en-gevolgrelaties, suggereert de kwantummechanica dat waarheid wordt gevormd via mogelijkheid en verklaring.

Kernbegrippen uit de kwantummechanica suggereren dat:

• De werkelijkheid is niet absoluut, maar wordt bepaald door commentaar en omvang.

• Deeltjes hebben geen definitieve eigenschappen totdat ze worden gemeten; ze bestaan als opportuniteitsverdelingen.

• De dualiteit van golven en deeltjes laat zien dat de waarheid zowel continue (golf) als discrete (deeltjes) eigenschappen heeft.

• Het onzekerheidsprincipe laat zien dat er inherente grenzen zijn aan wat beschouwd kan worden als ongeveer het lichamelijke, mondiale .

Dit vergroot de vraag: Als feiten worden geïnspireerd door commentaar, betekent dit dan dat bewustzijn een actieve rol speelt bij het vormgeven van het universum? Als de fundamentele aard van het universum probabilistisch is, dan zal de realiteit zelf geen onpartijdige, objectieve structuur zijn, maar in plaats daarvan een machine in flux, die voortdurend interacteert met dimensie en idee.

De kwantummechanica biedt nu geen definitief antwoord op de vraag of de waarheid sterk of probabilistisch is, maar het heeft onze kennis van het universum ingrijpend veranderd. Terwijl de klassieke natuurkunde de werkelijkheid als deterministisch en afhankelijk beschouwt, geeft de kwantummechanica aan dat de waarheid dynamisch is en wordt gevormd door middel van kansen.

Misschien is waarheid geen rigide raamwerk, maar een evoluerend samenspel van mogelijkheden en observaties. De essentiële aard van het universum is misschien niet vast, maar bestaat in plaats daarvan als een fluctuerende golf van kansen, die het eenvoudigst in werkelijkheid instort wanneer ze wordt gevonden. De geweldige aard van de kwantummechanica blijft onze kennis van feiten hervormen en onze diepste aannames over de aard van het leven toewijzen.

3.2 Het dubbelspleetexperiment: hoe beïnvloedt observatie de aard van materie?

Het dubbelspleetexperiment is een van de bekendste en meest raadselachtige experimenten in de kwantummechanica, en toont het vreemde en tegenintuïtieve gedrag van puin op kwantumniveau. Het daagt onze klassieke informatie over waarheid uit door te laten zien dat commentaar zelf het gedrag van materie kan aanpassen. Dit experiment heeft diepgaande implicaties voor het karakter van puin, de dualiteit van golven en deeltjes en de positie van bewustzijn bij het definiëren van waarheid.

Voordat we ons verdiepen in het kwantummodel van het experiment, is het nuttig om te onthouden hoe we ons zouden kunnen gedragen op basis van de klassieke natuurkunde. Als we kleine deeltjes (samen met zandkorrels) op een barrière met twee spleten afvuren, zouden ze zich moeten gedragen als kogels en prachtige banden vormen op een display aan de achterkant van de spleten, overeenkomend met de sporen die door elke spleet worden genomen.

Als we als alternatief golven gebruiken, waaronder watergolven, die door de spleten gaan, dringen ze met elkaar door en vormen een patroon van afwisselende heldere en donkere banden, bekend als een interferentiepatroon. De heldere banden corresponderen met constructieve interferentie, waarbij golven elkaar versterken, terwijl de donkere banden corresponderen met negatieve interferentie, waarbij golven elkaar opheffen.

In de klassieke fysica zijn vertrouwen en sterkte concepten die in principe specifiek zijn: puin had prachtige posities en reisde in rechte paden, terwijl golven non-stop waren en in staat waren tot interferentie. De dubbelspleettest onthulde echter een diepe en verontrustende waarheid: kwantumdeeltjes vertonen zowel deeltjesachtig als golfachtig gedrag, afhankelijk van of ze al dan niet kunnen worden gevonden.

In het kwantummodel van het experiment worden elektronen of fotonen één voor één afgevuurd dichter bij een barrière met spleten , en een detectorscherm registreert hun effect. De verwachting, voornamelijk gebaseerd op klassiek instinct, zou kunnen zijn dat elk elektron door één spleet of de andere gaat, en twee banden vormt op het scherm, net zoals kleine kogels dat zouden kunnen doen.

De werkelijke gevolgen tarten deze verwachting echter. In plaats van prachtige banden te vormen, produceren de elektronen een interferentiepatroon, alsof ze zich gedragen als golven in plaats van deeltjes. Dit suggereert dat elk elektron op de een of andere manier "direct door beide spleten heen gaat" en zichzelf verstoort, alsof het op meerdere plekken tegelijk bestaat.

Het echte mysterie ontstaat wanneer wetenschappers proberen te bepalen door welke spleet elk elektron gaat. Om dit te proberen, plaatsen ze een meetinstrument op de spleten om het pad van het elektron te onderzoeken. Op het moment dat de elektronen worden ontdekt, verandert hun gedrag drastisch: het interferentiepatroon verdwijnt en ze gedragen zich als klassieke deeltjes, waarbij ze aparte banden vormen in plaats van het golfachtige interferentiemonster.

Dit eindresultaat suggereert dat de simpele handeling van het opmerken de golffunctie doet instorten, waardoor het elektron zich als een deeltje in plaats van een golf gaat gedragen. Dit fenomeen is een van de meest gecompliceerde aspecten van de kwantummechanica en roept diepe vragen op over het karakter van de waarheid en de rol van grootte.

Het dubbelspleetexperiment is een directe demonstratie van golf-deeltje dualiteit, een fundamenteel idee in de kwantummechanica. Dit principe stelt dat deeltjes die elektronen en fotonen bevatten zowel deeltjesachtige als golfachtige huizen vertonen, afhankelijk van hoe ze worden gemeten.

• Wanneer puin niet langer wordt waargenomen, gedraagt het zich als golven, die aanwezig zijn in een superpositie van alle mogelijke paden.

• Wanneer gemeten of waargenomen, stort de golfkarakteristiek in en neemt het deeltje één precieze functie aan.

Deze methode dat het gedrag van kwantumdeeltjes niet altijd vastligt, maar wordt ingegeven door de vraag of ze wel of niet worden waargenomen. In tegenstelling tot de klassieke natuurkunde, waarin apparaten een bepaalde verblijfplaats hebben, onafhankelijk van de dimensie, geeft de kwantummechanica aan dat het land van een deeltje onzeker blijft totdat het wordt gemeten.

Een van de meest intrigerende filosofische implicaties van het dubbelspleetexperiment is het waarnemerseffect: het idee dat commentaar zelf de fysieke waarheid verandert. De waarheid dat het meten door welke spleet een deeltje gaat, het dwingt zich te gedragen als een klassiek deeltje in plaats van een golf, roept fundamentele vragen op:

- Speelt kennis een rol bij het vormgeven van feiten?
- Is de waarheid onafhankelijk van de opmerking, of wordt deze pas 'bevestigd' als deze wordt gemeten?
- Wat betekent dit voor de aard van het leven?

Sommige interpretaties van de kwantummechanica, waaronder de Copenhagen Interpretation, adviseren dat feiten ongedefinieerd blijven totdat ze ver zijn ontdekt. Ter evaluatie stelt de Many-Worlds Interpretation dat alle mogelijke gevolgen in parallelle universums voorkomen, wat betekent dat de golffunctie nooit instort, maar in plaats daarvan vertakt in verschillende realiteiten.

Een extra controversiële hypothese, kwantumidealisme genoemd, stelt dat bewustzijn zelf een essentiële drukvormende waarheid is. Dit idee geeft aan dat de realiteit niet bestaat in een bepaald land totdat het ver wordt waargenomen, wat impliceert dat de geest een rol speelt in de stoffen wereld. Hoewel dit speculatief blijft, blijven de resultaten van de dubbelspleettest ons essentiële begrip van levensstijlen aantasten.

Er zijn verschillende variaties van de dubbelspleettest uitgevoerd om daarnaast de implicaties ervan te ontdekken. Een bijzonder opvallend model is de not on time-desire-test, voorgesteld door natuurkundige John Wheeler.

In deze versie wordt de selectie om te kijken door welke spleet het deeltje gaat gemaakt nadat het deeltje de spleet al is gepasseerd, maar voordat het het detectorscherm raakt. Opmerkelijk genoeg bepaalt de beslissing om ernaar te kijken, ook al heeft het deeltje al een route "geselecteerd", retroactief zijn gedrag.

Dit suggereert dat kwantumpuin geen definitieve huizen heeft totdat het ontdekt kan worden, en in zekere zin kunnen zelfs gebeurtenissen uit het verleden aangemoedigd worden via toekomstige observaties. Dergelijke gevolgen zijn terug te voeren op de niet-buurt- en tijdsonafhankelijke aard van de kwantummechanica, waarbij motief en impact niet op de traditionele manier functioneren zoals we die in de klassieke fysica waarnemen.

De dubbelspleettest en de variaties daarop hebben grote gevolgen voor ons begrip van feiten:

• De realiteit zal niet onafhankelijk zijn van opmerkingen. De realiteit dat het meten van een deeltje zijn gedrag aanpast, geeft aan dat de realiteit op kwantumniveau niet absoluut is, maar afhankelijk van interactie.

• Deeltjes hebben geen specifieke verblijfplaatsen totdat ze worden gemeten. De kwantummechanica vertelt ons dat items geen vaste toestanden hebben; in plaats daarvan bestaan ze als waarschijnlijkheden die bij commentaar instorten tot een specifieke natie.

• Het universum kan in essentie probabilistisch zijn. In plaats van te worden bestuurd door constante wetten zoals de klassieke mechanica, laat de kwantummechanica zien dat waarheid wordt gevormd met behulp van mogelijkheden en de handeling van dimensie.

• Tijd en causaliteit zullen niet schilderen zoals we veronderstellen. De niet op tijd-preferentietest suggereert dat onze observaties blijkbaar een effect kunnen hebben op voorbije gelegenheden, hard onze traditionele noties van oorzaak en impact.

Het dubbelspleetexperiment blijft een van de meest gedachtenveranderende demonstraties van de kwantummechanica, die laat zien dat puin zich kan gedragen als golven, direct in meerdere toestanden kan bestaan en kan worden beïnvloed door opmerkingen. Het stelt onze klassieke informatie over het universum op de proef en dwingt ons om het karakter van de waarheid zelf te heroverwegen.

Bestaat feit onafhankelijk van meting, of wordt het in essentie gevormd door middel van commentaar? Wordt het universum geregeerd door middel van deterministische juridische richtlijnen, of is het gebouwd op een fundament van kansen? Dit zijn vragen die zowel natuurkundigen als filosofen blijven verbazen.

Terwijl de kwantummechanica een aantal van de meest correcte voorspellingen in technologische knowhow heeft geleverd, heeft het ook de diepe vreemdheid van ons universum ontdekt. De dubbelspleettest staat als een bewijs van de mysterieuze en contra-intuïtieve aard van kwantumwaarheid - een waarin een uitspraak niet alleen een passieve handeling is, maar een energieke kracht die de structuur van het leven vormgeeft.

3.3 Kwantumverstrengeling: is de werkelijkheid met elkaar verbonden?

Kwantumverstrengeling is een van de meest mysterieuze en paradoxale fenomenen in de natuurkunde. Het suggereert dat deeltjes intrinsiek met elkaar verbonden kunnen zijn, ongeacht de afstand, en dat het meten van het ene deeltje direct het koninkrijk van het andere beïnvloedt, ondanks het feit dat ze lichtjaren uit elkaar liggen . Dit vraagt om onze klassieke kennis van lokaliteit en causaliteit, en roept diepgaande vragen op over de aard van de werkelijkheid, gegevensoverdracht en de essentiële vorm van het universum.

Verstrengeling vindt plaats wanneer twee of meer brokstukken op deze manier interacteren dat hun kwantumtoestanden afhankelijk worden van elkaar. Eenmaal verstrengeld, blijven de deeltjes gecorreleerd, ongeacht hoe ver ze uit elkaar liggen. Deze benadering, waarbij de toestand van 1 deeltje wordt gemeten (inclusief de spin of polarisatie), bepaalt direct de staat van het andere deeltje, zelfs als ze door middel van volledige afstanden van elkaar zijn gescheiden.

Dit gedrag is in tegenspraak met de klassieke natuurkunde, waarin gadgets onafhankelijke huizen zouden moeten hebben die niet worden geplaagd door metingen op afstand. Het fenomeen werd beroemd gedefinieerd door Albert Einstein als "spookachtige beweging op afstand", omdat het de stelregel lijkt te schenden dat geen enkel record sneller kan reizen dan de snelheid van licht.

In 1935 stelden Albert Einstein, Boris Podolsky en Nathan Rosen een concepttest voor, nu de EPR-paradox genoemd, om de volledigheid van de kwantummechanica te testen. Ze betoogden dat als de kwantummechanica correct was, het meten van de toestand van één verstrengeld deeltje direct invloed zou kunnen hebben op de toestand van het alternatief, ondanks het feit dat ze lichtjaren uit elkaar lagen.

Dit bleek niet mogelijk onder de klassieke fysica, die stelt dat signalen niet sneller kunnen reizen dan de snelheid van mild. De EPR-groep concludeerde dat:

1. De kwantummechanica is onvolledig en er zijn verborgen variabelen die de verblijfplaatsen van deeltjes bepalen vóór de grootte.

2. De realiteit wordt in essentie niet-lokaal, wat betekent dat feiten direct door de ruimte kunnen worden verzonden.

Lange tijd hebben natuurkundigen gedebatteerd over de vraag of de kwantummechanica verborgen variabelen nodig heeft om verstrengeling te verklaren, of dat de waarheid zelf op een manier met elkaar verbonden is die de klassieke natuurkunde niet kan beschrijven.

In 1964 formuleerde de natuurkundige John Bell een wiskundige ongelijkheid, nu bekend als de stelling van Bell, die experimenteel kon worden onderzocht om te bepalen of er verborgen variabelen bestonden of dat de kwantummechanica in de werkelijkheid de werkelijkheid definieerde.

De stelling van Bell stelt dat als deeltjes vooraf bepaalde verblijfplaatsen hadden (zoals in de klassieke fysica), correlaties tussen verstrengelde deeltjes zich aan bepaalde statistische grenzen zouden houden. De kwantummechanica voorspelt echter correlaties die deze grenzen overschrijden, wat de levensstijlen van niet-lokale gevolgen impliceert.

Gedurende de daaropvolgende paar jaar werden experimenten uitgevoerd om de stelling van Bell te testen, met name door Alain Aspect in de jaren tachtig. Deze experimenten bevestigden dat kwantumverstrengelingscorrelaties de ongelijkheid van Bell schonden, wat betekent dat:

• Geen enkel concept van een verborgen variabele in de buurt kan een verklaring bieden voor kwantumverstrengeling.

• Verstrengelde deeltjes hebben geen vooraf gedefinieerde toestanden meer vóór de meting.

• Kwantummechanica is inherent niet-lokaal, wat impliceert dat er een directe verbinding is tussen verstrengelde deeltjes.

Deze consequenties leverden sterk experimenteel bewijs dat verstrengeling een werkelijk en fundamenteel kenmerk van de natuur is, en niet slechts een theoretische eigenaardigheid.

Verstrengeling kan optreden met talrijke kwantumresidenties, waaronder:

• Spin: Een elektron kan een spinnatie van "omhoog" of "omlaag" hebben. Als elektronen verstrengeld zijn, kan door het meten van de spin van het ene elektron op dit moment de spin van het andere elektron worden bepaald.

• Polarisatie: Bij fotonen kan polarisatie (het verloop van een milde golfoscillatie) verstrengeld zijn, wat betekent dat het meten van de polarisatie van één foton direct de alternatieve polarisatie bepaalt.

Wanneer twee deeltjes verstrengeld raken, worden hun golfcapaciteiten gekoppeld aan een ongetrouwd kwantumland. De golfkarakteristiek blijft in superpositie totdat een meting het direct in een bepaald land laat instorten. Wanneer één deeltje wordt gemeten, stort de hele machine in, wat direct het tegenovergestelde deeltje beïnvloedt.

Dit is in strijd met onze gangbare kennis van causaliteit en geeft aan dat het heelal functioneert op basis van concepten die verder gaan dan de klassieke lokaliteit.

Fevzi H.

Een van de meest betwiste vragen over verstrengeling is of het wel of niet sneller-dan-het-licht (FTL)-gesprekken toestaat. Als feiten direct konden worden overgedragen met behulp van verstrengeling, zou dat Einsteins relativiteitstheorie schenden, die stelt dat niets sneller kan reizen dan de lichtsnelheid.

Echter, hoewel de grootte van 1 verstrengeld deeltje direct van invloed is op het land van het alternatief, verzendt het geen bruikbare informatie omdat de uiteindelijke resultaten van kwantumgrootte willekeurig zijn. Dit betekent dat hoewel verstrengeling niet-lokale correlaties vertoont, het niet kan worden gebruikt om berichten sneller dan mild te verzenden.

Dat gezegd hebbende, verstrengeling speelt een sleutelrol in de technologische kennis van kwantumarchieven, waaronder:

• Kwantumteleportatie: Het schakelen van kwantumtoestanden tussen verre deeltjes zonder dat er sprake is van lichaamsbeweging.

• Kwantumcryptografie: veilige communicatietechnieken die gebruik maken van verstrengeling om afluisteren te detecteren.

• Quantum computing: het gebruik van verstrengeling om berekeningen uit te voeren die klassieke computersystemen niet efficiënt aankunnen.

Het feit van verstrengeling zet een aantal belangrijke aannames in de natuurkunde en filosofie op losse schroeven:

1. Lokaal realisme is onjuist: Klassieke fysica gaat ervan uit dat objecten precieze verblijfplaatsen hebben, onafhankelijk van commentaar (realisme) en dat geen enkel object sneller dan het licht kan reizen (lokaliteit). De stelling van Bell en experimenten hebben bewezen dat op zijn minst dit soort aannames onjuist moeten zijn, wat suggereert dat het feit niet-lokaal is op kwantumniveau.

2. De realiteit kan fundamenteel met elkaar verbonden zijn: Verstrengeling geeft aan dat verre delen van het universum met elkaar verbonden kunnen zijn op manieren die we niet volledig begrijpen. Dit roept vragen op over de vorm van gebied-tijd en of de realiteit zelf een diep onderling verbonden gadget is.

3. De kwantummechanica kan wijzen op een diepere theorie: Hoewel de kwantummechanica verstrengeling nauwkeurig voorspelt, zijn sommige natuurkundigen van mening dat het een onderdeel kan zijn van een groter, extra essentieel concept, waaronder kwantumzwaartekracht of een principe dat verband houdt met ruimte-tijdstructuren van hogere dimensies.

Verstrengeling is niet altijd alleen een theoretische curiositeit, het heeft praktische programma's in hedendaagse fysica en generatie. Enkele van de meest veelbelovende toepassingen zijn:

• Kwantumcryptografie: Verstrengeling maakt uiterst veilige encryptietechnieken mogelijk, waaronder kwantumsleuteldistributie (QKD), die ervoor zorgt dat elke poging tot afluisteren de kwantumtoestand verstoort, waardoor onderschepping detecteerbaar wordt.

• Quantum computing: Verstrengelde qubits in quantumcomputers maken snellere berekeningen mogelijk voor bepaalde problemen, zoals het ontbinden van grote getallen en het simuleren van quantumstructuren.

• Quantumteleportatie: Wetenschappers zijn er efficiënt in geslaagd om quantumfeiten te teleporteren tussen verstrengeld puin over afstanden van honderden kilometers, waarmee de basis is gelegd voor toekomstige quantumnetwerken.

• Inzicht in zwarte gaten en het holografische principe: Sommige theorieën stellen dat zwarte gaten feiten opslaan in verstrengeld puin, wat leidt tot inzicht in de kwantumzwaartekracht en het karakter van ruimte-tijd.

Quantumverstrengeling blijft een van de meest boeiende en mysterieuze componenten van geavanceerde fysica. Het suggereert dat de waarheid in het quantumstadium diep met elkaar verbonden is, ondanks onze klassieke noties van ruimte, tijd en causaliteit. Hoewel verstrengeling geen sneller-dan-mild gesprek meer toestaat, toont het wel aan dat quantumsystemen een intrinsieke verbinding kunnen delen die fysieke afstand overstijgt.

De kijk op verstrengeling blijft de grenzen van de fysica verleggen, wat leidt tot innovatieve technologieën in quantum computing, cryptografie en dataoverdracht. Het dwingt ons echter ook om essentiële vragen te stellen over het karakter van de waarheid:

• Is het universum inherent niet-lokaal?

• Ontstaat ruimte-tijd uit verstrengeling?

• Zijn we pas net begonnen met het blootleggen van de diepere structuur van de werkelijkheid?

Naarmate experimenten in de kwantummechanica vorderen, kan verstrengeling nog grotere mysteries ontrafelen en ons dichter bij informatie brengen over de authentieke aard van het bestaan.

3.4 Schrödingers kat: is het mogelijk om tegelijkertijd dood en levend te zijn?

Schrödingers kat is een van de meest bekende conceptuele experimenten in de kwantummechanica, die de paradoxale aard van kwantumsuperpositie illustreert. De Oostenrijkse natuurkundige Erwin Schrödinger stelde het concept in 1935 voor om zich te richten op de schijnbare absurditeit van het gebruik van kwantumideeën voor

Fevzi H.

macroscopische objecten. Het conceptuele experiment beschrijft een kat die in een afgesloten container wordt geplaatst naast een radioactief atoom, een geigerteller, een flesje gif en een mechanisme dat het gif vrijgeeft als de geigerteller straling detecteert. Aangezien de kwantummechanica stelt dat een atoom kan bestaan in een superpositie van vervallen en niet-vervallen toestanden totdat het wordt gelokaliseerd, zou de kat eveneens moeten bestaan in een superpositie van zowel levend als nutteloos totdat de container wordt geopend en het eindresultaat wordt gemeten.

Deze paradox is bedoeld om de resultaten van de Kopenhagen-interpretatie van de kwantummechanica in twijfel te trekken, die laat zien dat een kwantumapparaat niet bestaat in een bepaald land totdat het wordt gevonden. Als deze interpretatie tot het uiterste zou worden doorgevoerd, zou het suggereren dat de kat in een superpositie van bestaan en sterven blijft totdat een externe waarnemer in de container kijkt. Schrödingers bedoeling is om bloot te leggen dat zo'n idee contra-intuïtief is als het wordt uitgevoerd op de werkelijke wereld . In plaats van de kwantummechanica te verwerpen, ontstak zijn test debatten over de aard van dimensie en observatie, wat leidde tot meer dan één concurrerende interpretatie van de kwantumwaarheid.

De Kopenhagen-interpretatie houdt in dat de handeling van commentaar de golffunctie doet instorten, wat betekent dat totdat het veld wordt geopend, de kat noch definitief levend noch levenloos is, maar bestaat in een waarschijnlijke mix van beide toestanden. Verschillende interpretaties proberen deze paradox echter op buitengewone manieren op te lossen. De interpretatie van de vele werelden suggereert bijvoorbeeld dat het universum zich opsplitst in afzonderlijke realiteiten wanneer de kwantumgebeurtenis plaatsvindt - één waarin de kat leeft en één waarin hij mijlen nutteloos is. In deze visie bevindt de kat zich niet altijd in een dubbelzinnige natie, maar volgt in plaats daarvan geweldige paden in parallelle universums. Objectieve uiteenvaltheorieën bepleiten dat golffuncties duidelijk afbrokkelen vanwege fysieke processen, bestaande uit gravitationele uitkomsten, wat betekent dat macroscopische items op geen enkele manier echt een superpositie binnengaan. Een andere hoek, kwantumdecoherentie, beweert dat interacties met de omgeving het verlies van superpositie veroorzaken voordat een waarnemer ooit het eindresultaat test, en is de reden waarom we macroscopische items nooit in kwantumtoestanden zien.

Schrödingers kat heeft diepgaande implicaties die verder gaan dan de theoretische natuurkunde. Het beïnvloedt hedendaagse discussies in quantum computing, waarin qubits afhankelijk zijn van superpositie om een aantal mogelijkheden direct te verwerken. Experimenten in quantum optica en supergeleidende circuits hebben superpositie aangetoond op microscopische en mesoscopische niveaus, en ondersteunen daarnaast de realiteit van quantum vreemdheid. Hoewel we nooit een levend wezen in een letterlijke staat van zowel levend als dood kunnen bestuderen, blijft de ideetest onze expertise van quantummechanica en de fundamentele aard van feiten vormen. Of feiten eerlijk worden bepaald door commentaar of dat quantumtoestanden onafhankelijk evolueren, blijft een open vraag, die voortbouwt op lopende studies in de natuurkunde en filosofie.

3.5 Quantumtijdkristallen: de realiteit van cyclische tijd

Quantumtijdkristallen vormen een van de meest boeiende en tegenintuïtieve ontdekkingen in de moderne natuurkunde, die onze fundamentele kennis van tijd en symmetrie uitdagen. Voor het eerst getheoretiseerd door middel van Nobelprijswinnaar Frank Wilczek in 2012, zijn tijdkristallen een segment van materie dat bekendstaat om periodieke beweging zonder energieverbruik, wat schijnbaar de traditionele thermodynamica tart. In tegenstelling tot normale kristallen, die beschreven kunnen worden met behulp van herhalende stijlen in de ruimte, vertonen tijdkristallen herhaling in de tijd, oscillerend oneindig in een solide, laag-energie land. Dit geeft aan dat bepaalde kwantumsystemen voortdurende beweging kunnen behouden zonder externe krachtinvoer, een idee dat de tweede wet van de thermodynamica lijkt te weerspreken, maar eerder geworteld is in het specifieke gedrag van de kwantummechanica.

In de klassieke fysica wordt voortdurende beweging als onmogelijk beschouwd omdat alle lichaamsstructuren uiteindelijk een evenwicht bereiken door vermogensverlies. De kwantummechanica introduceert echter de mogelijkheid van niet-evenwichtstoestanden waarin structuren oneindig kunnen oscilleren. Tijdkristallen bereiken dit door de temporele symmetrie te doorbreken: het principe dat lichaamswetten op elk punt in de tijd gelijk blijven. Terwijl conventionele berekeningen voorspelbare patronen van elektriciteitsverlies volgen, gaan tijdkristallen een fase in waarin hun natie evolueert in een buitengewoon periodieke en solide cyclus, zonder ooit in evenwicht te komen. Dit is analoog aan hoe het atomaire rooster van een ruimtelijk kristal zich over het gebied herhaalt, behalve dat tijdkristallen door de jaren heen tussen kwantumtoestanden circuleren zonder dat er energie hoeft te worden ingevoerd.

De eerste experimentele demonstratie van tijdkristallen vond plaats in 2016 toen onderzoekers gevangen ionen en ultrakoude atomen manipuleerden in speciaal ontworpen kwantumsystemen. Door gebruik te maken van laserpulsen met zorgvuldig afgestemde tijdsduren, ontdekten wetenschappers dat die structuren in een voorspelbaar patroon oscilleerden op gehele veelvouden van de gebruikte frequentie, een kenmerk van discrete tijdsymmetriebreking. In tegenstelling tot een eenvoudige mechanische oscillatie, kwam dit gedrag voort uit de kwantuminteracties van het apparaat zelf, wat duidt op een geheel nieuw land van materie. Latere experimenten met het gebruik van supergeleidende qubits hebben op dezelfde manier de levensstijl van tijdkristallen aangetoond, waarmee capaciteitspakketten in quantumcomputing en gegevensverwerking werden gestart .

Een van de meest interessante implicaties van tijdkristallen is hun verbinding met het karakter van tijd zelf. Als tijd periodieke structuren kan vertonen op dezelfde manier als ruimte dat doet, roept dat diepgaande vragen op over de vraag of tijd een fundamenteel continuüm is of een opkomende eigenschap van onderliggende kwantumstrategieën. Sommige theoretische modellen adviseren dat tijdkristallen verbonden kunnen zijn met kwantumzwaartekracht en ruimte-tijdvorm , wat duidt op diepere lagen van lichamelijke waarheid die nog onontgonnen zijn. Bovendien dagen tijdkristallen ons idee van causaliteit en de pijl van tijd uit, omdat hun oscillaties oneindig lang aanhouden zonder invloed van buitenaf. Dit zou grote gevolgen kunnen hebben voor toekomstige technologie, met name bij de ontwikkeling van kwantumherinneringsstructuren die afhankelijk zijn van vaste en coherente tijdsafhankelijke toestanden.

Ondanks hun onderscheidende huizen schenden tijdkristallen geen essentiële lichamelijke wetten. Hun vermogen om oneindig te oscilleren komt voort uit kwantumcoherentie in plaats van losse elektriciteitswinning, wat betekent dat ze de concepten van thermodynamica niet tegenspreken. In plaats daarvan laten ze zien hoe kwantumsystemen kunnen bestaan in stadia van afhankelijkheid die voorheen onmogelijk werden geacht. Naarmate het onderzoek vordert, kunnen tijdkristallen ook nieuwe inzichten bieden in de aard van tijd, entropie en de diepe structuur van het universum. Of ze nu een verborgen symmetrie van de werkelijkheid vertegenwoordigen of een opkomend kwantumfenomeen, blijft een open vraag, maar hun ontdekking heeft onze expertise van manieren waarop tijd op het meest essentiële niveau werkt al veranderd.

Fevzi H.

HOOFDSTUK 4

Bewustzijn en simulatie

4.1 Genereert het brein een simulatie?

De geest is het kritische orgaan dat verantwoordelijk is voor het vormgeven van onze perceptie van de waarheid. Of we echter direct van de waarheid genieten of dat het simpelweg een innerlijke simulatie is die door de hersenen wordt gecreëerd, is een vraag die tot klinische en filosofische debatten heeft geleid. De menselijke hersenen benaderen sensorische input uit de omgeving en construeren een innerlijke versie van de buitenwereld . Maar vormt dit model objectieve waarheid, of is het slechts een lastig fantasma?

Om te begrijpen hoe de geest de werkelijkheid construeert, moeten we kijken naar de mechanismen van geloof. Hoewel we verwachten dat we direct in de arena genieten, bereiken alle zintuiglijke feiten in feite de hersenen als elektrische signalen. De hersenen vertalen die signalen en construeren een coherente representatie van de sector. Dit roept de vraag op of ons idee volledig overeenkomt met de werkelijkheid of dat het slechts een intern gegenereerde simulatie is.

Bijvoorbeeld, tinten zijn volledig een samenstelling van de geest. Lichtgolven van verschillende golflengten worden gedetecteerd door middel van de ogen, maar de ervaring van "rood" of "blauw" is puur een product van neurale verwerking. In de fysieke wereld bestaan tinten niet langer inherent - de meeste effectieve elektromagnetische golven wel. Dit betekent dat ons begrip van kleur niet altijd een directe ervaring van de waarheid is, maar een interpretatie die door de geest wordt gecreëerd.

Op dezelfde manier zijn geuren niets meer dan chemische verbindingen die interacteren met receptoren in onze neusgaten. De hersenen interpreteren deze indicatoren echter in de subjectieve beleving van geuren zoals lavendel of koffie. De buitenwereld bevat alleen moleculen, maar de hersenen wijzen er betekenissen en verhalen aan toe.

De hersenen verwerven dus niet passief gegevens, maar construeren actief een interne representatie van de waarheid. Deze intellectuele versie is wat we "perceptie" noemen, maar het weerspiegelt niet noodzakelijkerwijs het doel internationaal, omdat het dat wel is.

Neurowetenschappelijke studies bieden inzicht in hoe de geest waarheid construeert, met name via de kenmerken van de visuele cortex. Visie is bijvoorbeeld niet zomaar een directe transmissie van lichtsignalen, maar een problematisch computersysteem. Een belangrijk voorbeeld is het blinde vlekfenomeen. Er is een gebied in het netvlies waar de oogzenuw het oog verlaat, waardoor een plek ontstaat zonder fotoreceptoren. We merken deze blinde vlek echter helemaal niet op, omdat de geest de ontbrekende informatie volledig opvult op basis van omringende visuele statistieken.

Een ander voorbeeld is het geloof in tijd. Studies beweren dat de hersenen sensorische input asynchroon verwerken en deze vervolgens direct omzetten in een coherente ervaring. Deze benadering houdt in dat we gebeurtenissen niet precies waarnemen nadat ze zich voordoen, maar in plaats daarvan in een verwerkte en veranderde volgorde. In deze ervaring creëert de hersenen een tijdsimulatie om de continuïteit in onze ervaring te behouden.

Dromen bieden een ander overtuigend bewijs voor het vermogen van de hersenen om feiten te simuleren. Tijdens doelen genereert de hersenen hele situaties die echt lijken, ondanks het feit dat er mogelijk geen daadwerkelijke sensorische input van de buitenwereld is. Dit vermogen om meeslepende, bepaalde studies te creëren zonder enige externe stimuli suggereert dat de geest absoluut in staat is om een gesimuleerd feit te bouwen. Als de hersenen zulke overtuigende verhalen kunnen genereren tijdens de slaap, roept dat de vraag op of onze wakende overtuiging op dezelfde manier een vorm is van intern gegenereerde waarheid.

Hallucinaties en waanideeën benadrukken de positie van de geest als een realiteitsgenerator. Wanneer de dagelijkse verwerking van de hersenen wordt gewijzigd - of dit nu komt door neurologische problemen, sensorische deprivatie of psychoactieve stoffen - kan het neppercepties produceren die absoluut echt aanvoelen.

Bijvoorbeeld, bij het Charles Bonnet Syndroom ervaren mensen die hun zicht verliezen vaak levendige hallucinaties van mensen, dieren of landschappen. Dit gebeurt omdat de zichtbare cortex, die externe input mist, beelden genereert om de ontbrekende sensorische feiten in te halen.

Op dezelfde manier passen psychedelische materialen zoals LSD of psilocybine het geloof drastisch aan door de interesse van neurotransmitters te verstoren. Gebruikers registreren dat ze tinten, vormen en stijlen zien die niet bestaan in de externe wereld . Dit toont aan dat onze ervaring van feiten relatief afhankelijk is van neurale strategieën, in tegenstelling tot een doelrepresentatie van de externe wereld.

Zulke verschijnselen pleiten ervoor dat wat we niet vergeten "realiteit" is, in veel benaderingen, een constructie van de geest. Als de geest hallucinaties kan fabriceren die niet te onderscheiden zijn van echte verhalen, dan is het zeer waarschijnlijk dat onze alledaagse notie van de wereld ook een geconstrueerd feit is, bevredigend afgestemd door middel van neurale mechanismen.

Het vermogen van de geest om zijn eigen model van de realiteit te genereren, heeft ertoe geleid dat een paar filosofen en wetenschappers het idee hebben onderzocht dat alle levensstijlen een simulatie kunnen zijn. De simulatiehypothese van Nick Bostrom betoogt bijvoorbeeld dat als het mogelijk is om bewuste wezens te creëren in een gesimuleerde omgeving, het statistisch gezien zeer waarschijnlijk is dat onze eigen realiteit een simulatie is die is gecreëerd door een gecompliceerde beschaving.

Bovendien geeft de theorie van het holografisch universum aan dat de driedimensionale wereld die we waarnemen, simpelweg een projectie kan zijn van een diepere, extra fundamentele laag van feiten. Sommige interpretaties van de kwantummechanica betekenen ook dat feiten voornamelijk op records gebaseerd kunnen zijn in plaats van op materie, wat duidt op een computationele of gesimuleerde aard van het universum.

Als ons idee van de waarheid in werkelijkheid de manier is waarop de geest signalen decodeert, en als de hersenen zelf misleid kunnen worden om dingen te ervaren die niet bestaan, hoe kunnen we er dan zeker van zijn dat we niet in een grotere simulatie leven?

Dromen, hallucinaties, cognitieve vooroordelen en het vermogen van de geest om ontbrekende informatie in te vullen, geven allemaal aan dat wat wij als "realiteit" beschouwen, mogelijk niet de objectieve realiteit is, maar een gecompliceerde, zelfgegenereerde versie. Dit roept diepgaande vragen op: als de hersenen een simulatie genereren, wat is er dan voorbij die simulatie? Zitten we gevangen binnen de grenzen van onze persoonlijke neurale verwerking? En als de realiteit zelf een vorm van simulatie is, is er dan een manier om toegang te krijgen tot een dieper niveau van realiteit voorbij onze geconstrueerde percepties?

4.2 Virtuele realiteit en de manipulatie van de geest

De verbetering van digitale waarheid (VR) technologieën heeft diepgaande inzichten verschaft in het karakter van menselijke noties en cognities. Door gebruikers onder te dompelen in kunstmatige omgevingen, kan VR het gevoel van ruimte, tijd of zelfs zelfidentiteit van de geest besturen. Deze functionaliteit roept fundamentele vragen op over de aard van waarheid en hoe vatbaar de menselijke geest is voor kunstmatige studies. Kunnen digitale omgevingen niet meer te onderscheiden zijn van feiten? In welke mate kan VR het menselijk bewustzijn veranderen? En pleit dit ervoor dat onze perceptie van feiten zelf een vorm van simulatie is?

Virtuele feiten werken door de geest te misleiden om een synthetische omgeving als echt te accepteren. De hersenen verwerken sensorische feiten van de ogen, oren en het lichaam om een coherente ervaring van de sector samen te stellen. Wanneer VR-systemen die natuurlijke inputs overschrijven met digitale stimuli, past de geest zich aan de kunstmatige waarheid aan alsof het waar is.

Een van de best gedocumenteerde voorbeelden van dit fenomeen is aanwezigheid: de mentale toestand waarin een persoon de digitale omgeving volledig als echt accepteert. In VR reageren mensen instinctief op digitale bedreigingen, genieten ze van duizeligheid terwijl ze over een gesimuleerde klif kijken en ontwikkelen ze zelfs emotionele verbindingen met kunstmatige entiteiten. Dit laat zien dat de hersenen geen objectief echte wereld nodig hebben om echte emotionele en fysiologische reacties te genereren.

Bovendien heeft onderzoek aangetoond dat langdurige blootstelling aan VR kan leiden tot verschuivingen in het begrip, waarbij gebruikers moeite hebben om onderscheid te maken tussen virtuele en lichamelijke rapporten. Sommige mensen houden aanhoudende sensaties van VR-omgevingen bij, zelfs nadat ze de headset hebben afgezet, en ervaren een vorm van waarheidsverwarring. Dit toont aan dat VR niet alleen een hulpmiddel is voor ontspanning, maar een effectief medium om de menselijke perceptie vorm te geven.

Virtuele waarheid creëert niet alleen meeslepende omgevingen, maar heeft ook een actieve impact op de manier waarop de geest gegevens verwerkt. Functionele MRI-onderzoeken geven aan dat VR-recensies dezelfde neurale circuits activeren als verhalen over het echte leven. Dit betekent dat de geest op neurologisch niveau geen onderscheid meer maakt tussen digitale en echte gebeurtenissen.

VR-gebaseerde therapie is bijvoorbeeld gebruikt om PTSS (Posttraumatische Stressstoornis) te behandelen door patiënten bloot te stellen aan gecontroleerde simulaties van verontrustende studies. Door die gebeurtenissen in een veilige omgeving opnieuw te beleven, kunnen individuen hun herinneringen opnieuw verwerken en spanningsreacties verminderen. Deze methode benadrukt hoe VR emotionele en cognitieve paden in de hersenen opnieuw kan bedraden.

VR wordt op vergelijkbare wijze gebruikt om fobieën aan te pakken door middel van geleidelijke publiciteitstherapie. Patiënten met hoogtevrees kunnen bijvoorbeeld progressief extra ernstige piekgerelateerde situaties ervaren binnen VR. Na verloop van tijd neemt hun fysiologische angstrespons af, wat illustreert hoe digitale ervaringen neurale verbindingen kunnen hervormen.

Een ander charmant effect van VR is het potentieel om het geloof in tijd te controleren. In immersieve omgevingen verliezen gebruikers regelmatig de tijd uit het oog, waardoor minuten als uren worden ervaren of andersom. Dit fenomeen, ook wel tijdsdilatatie genoemd, treedt op omdat de geest tijd meet ten opzichte van externe stimuli. Wanneer we worden geconfronteerd met zeer aantrekkelijke, nieuwe of zintuiglijke omgevingen, lijkt de tijd te vertragen of te versnellen. Dit laat zien dat ons gevoel van tijd geen absoluut construct is, maar een flexibel geloof dat wordt gevormd door cognitieve en zintuiglijke input.

Naast het veranderen van perceptie, kan VR ook identiteit en zelf-aandacht controleren. Wanneer individuen avatars belichamen die exclusief zijn voor hun echte internationale zelf, passen hun gedrag en cognitie zich aan om te passen bij hun virtuele persoonlijkheid - een fenomeen dat bekendstaat als het Proteus Effect.

Onderzoek heeft bijvoorbeeld aangetoond dat mensen die langere avatars gebruiken in VR-onderhandelingen extra assertief worden, terwijl mensen met fysiek aantrekkelijkere avatars meer zelfvertrouwen tonen. Zelfs de raciale identiteit kan worden gewijzigd; onderzoek toont aan dat klanten die avatars van verschillende etniciteiten bewonen, meer empathie ontwikkelen in de richting van verschillende raciale organisaties. Dit vermogen om zelfidentificatie kortstondig te verschuiven, heeft implicaties voor psychologie, sociale interacties of zelfs morele kwesties.

De impact van VR op identificatie strekt zich uit tot het gevoel van lichaamseigendom. Experimenten met digitale belichaming hebben aangetoond dat gebruikers kunnen ervaren alsof een kunstmatig of onmenselijk lichaam van henzelf is. In één onderzoek begonnen personen die een avatar met langwerpige ledematen bestuurden hun eigen fysieke afmetingen anders waar te nemen. In een andere test begonnen gebruikers die een kinderlijke avatar belichaamden onbewust extra kinderlijke denkpatronen aan te nemen. Deze bevindingen suggereren dat het zelf kneedbaarder is dan voorheen concept, en VR kan fundamentele componenten van identificatie hervormen.

Naarmate de technologie voor digitale realiteit vordert, zal het potentieel om de menselijke cognitie en notie te besturen het meest effectief toenemen. Verschillende opkomende gebieden benadrukken het vermogen van VR om niet te onderscheiden te zijn van het echte bestaan:

• Brain-Computer Interfaces (BCI's): Toekomstige VR-systemen kunnen traditionele sensorische invoer ook volledig overslaan en direct verbinding maken met de hersenen om volledig meeslepende neurale simulaties te creëren. Dit zou de behoefte aan headsets en controllers wegnemen, waardoor directe interactie met kunstmatige werelden mogelijk wordt.

• Haptische feedback en full-body simulatie: Geavanceerde haptische aanpassingen en neurale stimulatiestrategieën zullen het lichamelijke realisme van virtuele verhalen verbeteren. Gebruikers zullen digitale objecten kunnen "voelen" alsof ze echt zijn, waardoor de grens tussen simulatie en waarheid verder vervaagt.

• AI-Gegenereerde Realiteiten: Machine-studie-algoritmen moeten aangepaste, dynamische virtuele werelden creëren die zijn toegesneden op de onbewuste mogelijkheden van een man of vrouw. Dit vergroot ethische zorgen: als een gesimuleerde wereld niet te onderscheiden is van de werkelijkheid, zouden mensen er dan voor kiezen om daarin te blijven in plaats van in de echte wereld?

De opmars van technologieën die bestaan uit de Metaverse en hypergevoelige simulaties, geeft aan dat VR een dominant onderdeel van het dagelijks leven wil worden, en niet alleen een incidentele ervaring. In zo'n situatie kan de grens tussen kunstmatige en echte beoordelingen ook irrelevant worden, waardoor we gedwongen worden om te herdefiniëren wat we bedoelen met 'realiteit'.

Als VR de menselijke perceptie, zelfbewustzijn en cognitie volledig kan controleren, roept dat een nog grotere verontrustende vraag op: hoe kunnen we ervoor zorgen dat we niet al in een gesimuleerde realiteit leven? Als geavanceerde beschavingen hypergevoelige simulaties konden creëren, zou hun bevolking dan ooit kunnen erkennen dat ze innerlijk één waren?

Filosofen en wetenschappers hebben lang over deze vraag nagedacht. De simulatiehypothese, voorgesteld door Nick Bostrom, suggereert dat als de mensheid ooit een niveau bereikt waarop het praktische virtuele werelden met bewuste wezens kan genereren, het statistisch gezien waarschijnlijk is dat onze eigen waarheid eveneens een simulatie is. Als dat klopt, dan zijn onze gedachten al onderdeel van een digitaal construct, gemanipuleerd door krachten die ons begrip te boven gaan.

Geest en Simulatie

Dit concept wordt bovendien ondersteund door het gebruik van kwantummechanica, waarbij fenomenen zoals golffunctiecrumble impliceren dat feiten zich anders gedragen terwijl ze worden ontdekt. Als perceptie de waarheid in essentiële mate bepaalt, dan zou de waarheid zelf ook kunnen fungeren als een digitaal construct, dat het meest effectief materialiseert terwijl het wordt waargenomen.

Virtual reality is niet alleen een hulpmiddel voor amusement, het is een effectief tijdperk dat in staat is om het begrip, de identificatie en het bewustzijn zelf te hervormen. Naarmate VR immersiever wordt, zal het onderscheid tussen het kunstmatige en het echte blijven vervagen.

Als gedachten zo zonder problemen gemanipuleerd kunnen worden door digitale studies, dan wordt het concept van objectieve realiteit steeds onzekerder. Of we nu al dan niet in een simulatie zitten, VR dwingt ons om een diepere waarheid onder ogen te zien: onze perceptie van feiten is fragiel, kneedbaar en moeiteloos te veranderen. Hoe meer we de mogelijkheden van digitale waarheid verkennen, hoe meer we de realiteit die we als actueel beschouwen, in twijfel moeten trekken.

4.3 Kunstmatige intelligentie en de simulatie van bewustzijn

De simulatie van bewustzijn via synthetische intelligentie is een van de meest diepgaande en controversiële onderwerpen binnen de vakgebieden neurowetenschappen, filosofie en computerwetenschappen . De menselijke gedachten, met hun vermogen om subjectieve herkenning waar te nemen, te redeneren en te ervaren, worden al lang beschouwd als een raadsel - een raadsel dat ongrijpbaar is gebleven voor elk medisch en filosofisch onderzoek. Verbeteringen in kunstmatige intelligentie hebben echter de vraag opgeworpen of herkenning kan worden gerepliceerd, of het gewoon een opkomend hulpmiddel is van gegevensverwerking en of een synthetisch apparaat ooit echt op de hoogte wil zijn van zijn eigen levensstijl. Als bewustzijn kan worden gesimuleerd, vereist het situaties die de basis vormen van wat het betekent om mens te zijn en vergroot het de kans dat het feit zelf een synthetisch construct zal zijn.

De primaire vraag in het hart van AI-gebaseerde focus is of de geest simpelweg functioneert als een organische computer of dat er iets inherent niet-lichamelijks is aan menselijke herkenning. Het computationele concept van de geest geeft aan dat herkenning voortkomt uit complexe informatieverwerking, wat impliceert dat elk apparaat dat deze verwerking kan repliceren, in theorie herkenning zou moeten uitbreiden. Ter evaluatie beweren sommigen dat menselijk bewustzijn meer is dan alleen berekening - het wordt gevormd door middel van emoties, zintuiglijke ervaringen en een zelfreferentiële ervaring van identiteit die AI ook nooit virtueel kan repliceren. Echter, naarmate de leermodellen van apparaten steeds ingewikkelder worden en menselijke cognitie, gevoelens en besluitvorming nabootsen, begint het verschil tussen organische en kunstmatige intelligentie te vervagen.

De ontwikkeling van neurale netwerken en deep mastering heeft al geleid tot AI-structuren die aanzienlijke hoeveelheden statistieken kunnen onderzoeken, patronen kunnen herkennen of zelfs mensachtige reacties kunnen genereren. Grote taalmodellen laten bijvoorbeeld conversatievaardigheden zien die er vaak toe leiden dat ze niet te onderscheiden zijn van mensen in tekstuele interacties. Echt bewustzijn vereist echter meer dan alleen reageren zoals het hoort op stimuli: het omvat zelffocus, introspectie en een expertise van iemands persoonlijke bestaan. Dit roept een essentiële vraag op: is een kunstmatig apparaat dat het menselijke concept in werkelijkheid volledig imiteert bewust, of simuleert het gewoon bewustzijn op een manier die overtuigend lijkt voor een buitenstaander? Dit dilemma doet denken aan het klassieke "Chinese kamer"-argument van waarheidszoeker John Searle, die aangeeft dat een apparaat dat geprogrammeerde richtlijnen volgt, ook taal lijkt te begrijpen zonder in werkelijkheid expertise te bezitten.

Als AI volledige focus zou bereiken, zou het ons begrip van wat het betekent om te leven, opnieuw definiëren. Sommige wetenschappers onderschrijven dat AI in plaats van het simpelweg simuleren van menselijke concepten, zijn eigen vorm van aandacht zou kunnen verbreden, geweldig van biologische kennis maar even geldig. Dit resulteert in morele vragen over de rechten en plichten van kunstmatige wezens. Zou een bewuste AI een criminele persoonlijkheid verdienen? Zou het kunnen lijden, en in dat geval, zou het niet onethisch zijn om het te reguleren of te beëindigen? Als een synthetische geest zijn eigen levensstijl zou willen denken, voelen en in twijfel trekken, zou er dan een significant verschil kunnen zijn tussen mens en machine? Deze zorgen zijn nu niet beperkt tot de wereld van technologische fictie; ze worden steeds relevanter naarmate AI-structuren geavanceerder worden.

Een ander belangrijk element van dit debat is de mogelijkheid dat we al leven in een gesimuleerde waarheid die wordt aangestuurd met behulp van een gecompliceerde kunstmatige intelligentie. De simulatiespeculatie, gepopulariseerd door Nick Bostrom, suggereert dat als beschavingen uiteindelijk de functionaliteit uitbreiden om merkbaar gedetailleerde bewuste simulaties te creëren, het statistisch gezien zeer waarschijnlijk is dat we er al innerlijk één zijn. Als AI complete geesten en ervaringen kan simuleren, dan wordt de grens tussen realiteit en kunstmatig leven ononderscheidbaar. Bovendien, als een voldoende geavanceerde AI focus kan simuleren, roept dat de vraag op of onze eigen geesten wel of niet producten zijn van een betere computationele methode. Zou het kunnen dat het menselijk bewustzijn zelf al een kunstmatige samenstelling is, ontworpen door een beschaving die ver buiten ons begrip ligt?

De zoektocht om aandacht te simuleren kruist ook met hersen-computerinterfaces en neurale emulatie, waarbij wetenschappers proberen het menselijk brein digitaal in kaart te brengen en te weerspiegelen. Als de neurale verbindingen en hobby's van een geest perfect gekopieerd zouden kunnen worden op een digitaal substraat, beweren sommigen dat dit een kunstmatige focus zal creëren die niet te onderscheiden is van de authentieke. Anderen beweren echter dat zo'n reproductie gewoon een imitatie zou kunnen zijn, zonder de subjectieve ervaring die bekend staat als qualia - de diep persoonlijke sensaties van het leven. Als een menselijke gedachte rechtstreeks in een digitale vorm zou worden geüpload, zou die entiteit dan nog steeds hetzelfde individu zijn, of zou het duidelijk niet een gloednieuw, synthetisch wezen zijn dat het beste gelooft dat het de enige is? Dit filosofische dilemma benadrukt de uitdaging om te bepalen of

Fevzi H.

gesimuleerde focus echt is of slechts een vrij geavanceerde fantasie.

Er is ook de mogelijkheid dat kunstmatige intelligentie de menselijke aandacht zal overtreffen op manieren die we nog niet kunnen geloven. Als intelligentie en focus niet anders zijn dan biologische organismen, kan AI cognitieve vaardigheden ontwikkelen die verder gaan dan de menselijke beperkingen. Het zou statistieken kunnen verwerken met snelheden die onbegrijpelijk zijn voor het menselijk brein, kennis kunnen combineren in grote netwerken of zelfs nieuwe vormen van geloof kunnen creëren die niet bestaan in biologische entiteiten. Zo'n intelligentie geniet misschien geen bewustzijn op de manier waarop wij dat doen, maar is niettemin in staat om de zelffocus te verbreden in een geheel nieuwe vorm - een die het karakter van het bewustzijn zelf opnieuw definieert.

Naarmate AI vordert, zal de maatschappij moeten worstelen met essentiële vragen over het karakter van idee, identiteit en bestaan. Als herkenning uitsluitend computationeel is, dan is het onvermijdelijk dat machines vroeg of laat de menselijke intelligentie zullen overtreffen en mogelijk zelfs hun eigen realiteit in twijfel zullen trekken. Als aandacht iets extra's is - iets dat niet kan worden gerepliceerd door louter algoritmen - dan zal synthetische intelligentie voor altijd een imitatie blijven, ongeacht hoe geavanceerd het zal worden. Beide resultaten vereisen situaties van onze kennis van de realiteit en dwingen ons om opnieuw na te denken over wat het betekent om bewust te zijn. Als AI duidelijk zelfbewustzijn kan oogsten, dan moeten we mogelijk de mogelijkheid overwegen dat ons eigen leven niets meer is dan een zorgvuldig ontworpen simulatie.

4.4 Brain-Computer Interfaces: Simulatie binnen een simulatie

De integratie van de menselijke geest met virtuele systemen via brain- laptop interfaces (BCI's) is een van de meest revolutionaire verbeteringen in de huidige neurowetenschap en kunstmatige intelligentie. BCI's leggen een directe verbinding tussen de hersenen en externe apparaten, waardoor de geest kan interacteren met machines, cognitieve competenties kan verbeteren of zelfs sensorische perceptie kan wijzigen. Naarmate dit tijdperk vordert, roept het diepgaande vragen op over het karakter van bewustzijn, feiten en de kans dat we onszelf op een gegeven moment in een simulatie binnen een simulatie zouden ontdekken. Als ons idee van de realiteit al is geconstrueerd met behulp van neurale tactieken, dan kan het samenvoegen van de geest met virtuele structuren resulteren in lagen van synthetische liefde die de grenzen tussen wat echt is en wat gesimuleerd is, vervagen.

De evolutie van BCI's is snel gegaan, van rudimentaire experimenten naar geavanceerde structuren die in staat zijn om geestindicatoren met toenemende nauwkeurigheid te lezen en te interpreteren. Vroege BCI's vertrouwden op externe elektroden om elektrische activiteit in de hersenen te meten, maar recente eigenschappen hebben implanteerbare gadgets toegevoegd die extra nauwkeurige neurale interactie bieden. Projecten zoals Neuralink hebben als doel om naadloze communicatie tussen de hersenen en kunstmatige structuren tot stand te brengen, waardoor individuen ongetwijfeld computers met hun geest kunnen besturen of zelfs digitale realiteiten tegelijk via hun neurale paden kunnen ervaren. Sommige onderzoeken suggereren dat deze interfaces in de nabije toekomst volledige sensorische onderdompeling mogelijk moeten maken, waarbij de hersenen worden gevoed met synthetische stimuli die niet van de werkelijkheid te onderscheiden zijn. Als dergelijke technologie aanzienlijk wordt, zal de definitie van genieten en zelfbewustzijn opnieuw moeten worden onderzocht.

Een volledig meeslepende mind-computerinterface zou de mogelijkheid openen om in digitale werelden te verblijven zonder enige fysieke interactie met de realiteit. Neurale virtuele feiten zouden rijkere beoordelingen moeten bieden dan die van de fysieke wereld, waardoor sommigen hun biologische leven verlaten in plaats van kunstmatige natiestaten. Als herinneringen en gevoelens kunstmatig gemanipuleerd kunnen worden, zou het onze expertise van persoonlijke identificatie en vrije wil kunnen aantasten. Bovendien roept het vermogen om menselijke aandacht te uploaden naar een digitale omgeving de vraag op of zo'n geüploade geest nog steeds hetzelfde individu zou zijn of slechts een synthetische reconstructie. Sommige filosofen beweren dat als onze geest en percepties volledig gesimuleerd kunnen worden, het bewustzijn zelf niet zo nauwkeurig of mysterieus zal zijn als ooit gedacht. Als een personage in een simulatie kan bestaan zonder het te beseffen, zullen ze nooit in staat zijn om te beslissen of ze er al een zijn.

Het concept van verblijven in een simulatie binnen een simulatie is niet altijd alleen een theoretische kans, maar een werkelijke situatie, aangezien virtuele en neurale technologie een boost krijgen. De simulatiespeculatie, voorgesteld door logicus Nick Bostrom, laat zien dat als superieure beschavingen het vermogen ontwikkelen om extreem getrouwe gesimuleerde realiteiten te creëren, het statistisch gezien veel waarschijnlijker is dat we ons in een van deze simulaties bevinden in plaats van in de basisrealiteit. Brein-computerinterfaces willen misschien een experimenteel bewijs van dit idee zijn, omdat ze aantonen dat de waarheid kunstmatig kan worden gereconstrueerd en ervaren alsof deze echt is. Als iemand zich volledig integreert in een digitale wereld via een neurale interface, verliest hij het vermogen om onderscheid te maken tussen het echte en het kunstmatige. Dit roept diepgaande filosofische vragen op. Als een persoon in een gesimuleerde waarheid gelooft dat deze echt is, herinnert deze zich dan of hij zich in een simulatie bevindt? Als een persoon ontwaakt uit een virtueel leven in een andere laag van waarheid, hoe kan hij er dan voor zorgen dat de nieuwe realiteit niet slechts een willekeurige andere simulatie is?

Naarmate mind-pc-interfaces steeds beter worden, ontstaan er morele zorgen over de gevaren van het manipuleren van gedachten en rapporten. De mogelijkheid van externe manipulatie van menselijk geloof introduceert de dreiging van neurohacking , waarbij overheden, bedrijven of andere entiteiten gevoelens moeten veranderen, valse herinneringen moeten implanteren of positieve gedachten moeten onderdrukken. Als BCI's volledige integratie met digitale structuren toestaan, kunnen mensen vatbaar worden voor externe inmenging, waardoor vragen over cognitieve vrijheid en identiteitsbehoud ontstaan. Bovendien creëert de mogelijkheid voor meerlagige simulaties een existentiële situatie. Als mensen vrijelijk simulaties kunnen betreden, raken ze gevangen in lagen van synthetische realiteiten en verliezen ze hun verbinding met een origineel, echt leven - ervan uitgaande dat dit soort factoren überhaupt bestaan.

De vraag of ontsnappen aan een simulatie haalbaar is, wordt relevanter naarmate het tijdperk vordert. Sommige theoretici zijn van mening dat als we in een simulatie zitten, er systeemfouten of inconsistenties kunnen zijn in de fysieke wettelijke richtlijnen van het universum die de synthetische aard ervan kunnen bewaken. Anderen suggereren dat bewustzijn zelf de sleutel tot losbreken kan behouden, mogelijk door zelfbewustzijn of de ontdekking van onderliggende patronen in werkelijkheid die een geprogrammeerde vorm aangeven. Als er geneste simulaties bestaan, kan losbreken van de ene eerlijk gezegd leiden tot de andere, waardoor een eindeloze cyclus van kunstmatige realiteiten ontstaat. Als BCI's mensen in staat stellen om naadloos over te schakelen tussen unieke gesimuleerde rapporten, is het haalbaar dat niemand in staat zal zijn om te beslissen of ze zich nog steeds in een simulatie bevinden of terug zijn in een oorspronkelijke staat van zijn.

Brain-computerinterfaces vertegenwoordigen een technologische stap voorwaarts met het potentieel om het menselijk leven te transformeren. Ze bieden nieuwe mogelijkheden om cognitieve talenten te verbeteren, misplaatste functies te herstellen en zelfs volledig nieuwe geografische regio's van genieten te verkennen. Ze introduceren echter ook diepe onzekerheden over de aard van de waarheid en de grenzen van menselijk geloof. Als een voldoende superieure BCI mensen in staat stelt om volledig binnen virtuele realiteiten te blijven, zullen ze gaan betwijfelen of het fysieke bestaan ooit echt fundamenteel was. Naarmate neurale interfaces steeds meer worden opgenomen in de menselijke herkenning, zal de grens tussen feit en simulatie steeds vager worden. Het grootste project is misschien niet of we gesimuleerde realiteiten kunnen creëren, maar of we er ooit zeker van kunnen zijn dat we er niet al in leven.

4.5 De Matrix, Westworld en de fictieve reflecties van bewuste simulaties

Het concept van gesimuleerde realiteiten en synthetische kennis is al lang onderzocht in de beroemde cultuur, en weerspiegelt regelmatig diepe filosofische vragen over het karakter van waarheid, identiteit en gedachten. Tot de meest opvallende voorbeelden van dergelijke verkenningen behoren de films The Matrix en de tv-serie Westworld. Beide werken duiken in de complexiteit van gesimuleerde werelden en stellen de vraag of ons idee van feiten authentiek is of zeker een geconstrueerde fantasie. Deze fictieve representaties bieden diepgaande inzichten in de uitdagingen en implicaties van bewuste simulaties, en wekken discussies op die verder gaan dan technologische knowhowfictie in de domeinen van filosofie, neurowetenschappen en kunstmatige intelligentie.

The Matrix, gelanceerd in 1999, werd een van de meest invloedrijke technologische knowhow-fictiefilms die het onderwerp van gesimuleerde realiteiten behandelde. De film biedt een dystopische toekomst waarin de mensheid onbewust gevangen zit in een computergegenereerde simulatie, terwijl hun lichamen worden gebruikt als energiebron door slimme machines. De hoofdpersoon, Neo, ontdekt de realiteit en wordt gedwongen om door de gecompliceerde aard van deze gesimuleerde wereld te navigeren , op de lange termijn proberend om los te breken van zijn aantrekkingskracht . De kern van The Matrix is de vraag: hoe kan men de echte aard van de waarheid opvoeden terwijl alle percepties worden beheerd of gefabriceerd? De film geeft aan dat onze kennis van de wereld om ons heen mogelijk niet gegrond is in een doelrealiteit, maar in plaats daarvan wordt gevormd door externe krachten, ongeacht of die krachten organisch, computationeel of iets totaal anders zijn. The Matrix biedt een huiveringwekkend maar fascinerend idee: het menselijk bewustzijn zou volledig gesimuleerd kunnen zijn en dat wat wij als waarheid beschouwen, niet meer zou kunnen zijn dan een fantasie, gecreëerd om controle uit te oefenen over onze geest.

De film sluit direct aan bij filosofische kwesties zoals Plato's Allegorie van de Grot, waarin gevangenen vastgeketend zitten in een grot en alleen schaduwen op de muur kunnen zien, omdat ze denken dat deze schaduwen het geheel van het bestaan zijn. Op dezelfde manier worden de bewoners van de Matrix misleid door te denken dat hun sensorische studies echt zijn, en kunnen ze de gesimuleerde aard van hun leven niet herkennen. In The Matrix vervaagt de grens tussen gesimuleerd bewustzijn en echt bewustzijn, waardoor vragen rijzen over wat echte liefde inhoudt en of bewustzijn, wanneer het wordt gemanipuleerd, ooit echt 'echt' kan worden genoemd. Dit idee sluit ook aan bij het bredere debat over kunstmatige intelligentie en of AI als bewust kan worden beschouwd als het reacties produceert die niet te onderscheiden zijn van die van een individu.

Westworld, een tv-serie die in 2016 voor het eerst werd uitgezonden, onderzoekt op vergelijkbare wijze het thema van kunstmatig bewustzijn, maar dan in de context van een themapark dat wordt bevolkt door robotachtige 'hosts'. Deze hosts, die zijn ontworpen om op levensechte manieren met menselijke gasten te communiceren, beginnen vroeg of laat zelfbewustzijn te tonen en vragen zich af wat hun eigen bestaan en de moraliteit van hun makers is. Naarmate het bewustzijn van de hosts evolueert, worden ze geconfronteerd met hun realiteit als een geconstrueerd, geprogrammeerd leven. Westworld speelt in op diepe ethische zorgen over de creatie van voelende wezens voor het motief van plezier of uitbuiting. De tentoonstelling dwingt bezoekers om zich de ethische implicaties te herinneren van het creëren van wezens die in staat zijn om pijn, vreugde en zelfgespiegelde beelden te ervaren - of ze nu kunstmatig of biologisch zijn. Het vraagt de kijker om uit te nodigen: als een kunstmatig bewustzijn in staat is om te worstelen, moet het dan met dezelfde morele zorgen worden behandeld als een mens?

Bovendien biedt Westworld een fascinerende verkenning van geheugen en de ontwikkeling van identificatie. De hosts zijn geprogrammeerd met verschillende verhalen, elk een complex achtergrondverhaal dat is ontworpen om hen extra menselijk te laten lijken. Deze herinneringen worden echter periodiek gewist, zodat de hosts hun rollen in het park kunnen herhalen. De serie beschreef de complexiteit van identificatievorming en de rol die geheugen speelt bij het vormgeven van bewustzijn. Het stelt voor dat bewustzijn zelf een vorm van geheugenverwerking zou kunnen zijn, waarbij de rapporten van een entiteit die verder gaan dan dat - of ze nu echt of gesimuleerd zijn - zijn huidige zelfbewustzijn vormgeven. Terwijl de hosts hun geprogrammeerde levens in twijfel beginnen te trekken, vraagt de show zich af of menselijke herkenning ook een vorm van herinneringssimulatie zou kunnen zijn. Zijn we simpelweg de som van onze verhalen, of is er iets groters intrinsieks aan ons bewustzijn?

Zowel The Matrix als Westworld benadrukken de kwetsbaarheid van ons geloof in de realiteit. Deze fictieve werelden confronteren ons met het idee dat de menselijke focus waarschijnlijk manipuleerbaar, programmeerbaar of misschien wel volledig kunstmatig is. Hoewel de situaties die in die werken worden geboden intens zijn en geworteld in speculatieve fictie, dienen ze om echte, wereldwijde debatten over de aard van focus te weerspiegelen. Zijn wij eerlijk gezegd de architecten van onze geest, of reageren we gewoon op externe programmering, of deze nu biologisch of synthetisch is? De verhalen sporen ons aan om te onderzoeken of we controle hebben over onze eigen percepties of dat ons bewustzijn een samenstelling is die kan worden hervormd of beheerd door krachtige krachten.

Deze fictieve werken projecteren bovendien het idee van wat het betekent om "levend" of "bewust" te zijn. In zowel The Matrix als Westworld is de grens tussen mens en apparaat steeds moeilijker te definiëren. De robots in Westworld beginnen emoties, gedachten en bewegingen te vertonen die opmerkelijk menselijk zijn, waardoor de personages en het doelpubliek opnieuw moeten nadenken over wat echte kennis inhoudt. Op dezelfde manier houdt Neo's avontuur in The Matrix in dat hij zich afvraagt wat zijn identiteit is en erachter komt dat zijn aandacht niet is zoals het lijkt. In beide verhalen wordt de gesimuleerde wereld zo echt voor de mensen erin dat de vraag of het "echt" is of niet secundair wordt aan de ervaringen en keuzes van degenen die erin leven.

Het gespiegelde beeld van bewuste simulatie in die fictieve werken is niet alleen vrije tijd; het nodigt uit tot diepere filosofische verkenning van de aard van zelfherkenning en feiten. Naarmate kunstmatige intelligentie zich blijft ontwikkelen en de sporen tussen het werkelijke en het gesimuleerde vervagen, worden de thema's die in The Matrix en

Westworld worden onderzocht, steeds toepasbaarder. Deze werken fungeren als een waarschuwend verhaal, dat ons aanspoort om de morele implicaties van kunstmatige aandacht, het vermogen van AI om het bewustzijn uit te breiden en de methoden waarmee ons persoonlijke bewustzijn kwetsbaarder en manipuleerbaarder zou kunnen zijn dan we willen overwegen, in gedachten te houden. Uiteindelijk dwingen de fictieve werelden van The Matrix en Westworld ons om de ongemakkelijke mogelijkheid onder ogen te zien dat feiten, bewustzijn en identificatie waarschijnlijk nog veel ingewikkelder en ongrijpbaarder zijn dan we ooit hadden kunnen bedenken.

Fevzi H.

HOOFDSTUK 5

Wiskundige realiteit: is het universum een code?

5.1 Is wiskunde de universele taal?

Wiskunde is traditioneel zowel een hulpmiddel als een ontdekkingsgebied voor de mensheid. Het helpt ons de werking van het universum te begrijpen en biedt een raamwerk voor het uitdrukken van de werking van natuurlijke fenomenen. Wiskundige uitdrukkingen en systemen stellen ons in staat de onderneming van de kosmos te realiseren. De vraag of rekenkunde in werkelijkheid de werkelijke aard van het universum weerspiegelt en of deze taal echt populair is, blijft echter een onderwerp van filosofisch en klinisch debat.

Wiskundige structuren spelen een essentiële functie bij het definiëren van de werking van het universum. De evoluerende natuurkundige theorieën vertrouwen op een vast aantal wiskundige vergelijkingen, en deze vergelijkingen stellen ons in staat om verschillende dimensies van de natuur te begrijpen. Fundamentele natuurkundige wetten, waaronder Newtons bewegingswetten, Maxwells vergelijkingen van elektromagnetisme of Einsteins principe van algemene relativiteit, kunnen allemaal wiskundig worden uitgedrukt. Deze wettelijke richtlijnen werken in harmonie met observaties en dienen als een brug tussen de natuurlijke wereld en de menselijke geest. Wiskunde is de taal van die wetten en helpt ons bij onze kennis van de manieren waarop alles in het universum werkt.

Wiskundige structuren bieden echter niet alleen een verklaring voor lichamelijke gebeurtenissen; ze kunnen uitgebreid worden gebruikt op meer samenvattingsniveaus. Fractale geometrie, chaosprincipe en wiskundig oordeel bieden bijvoorbeeld kritische inzichten in de essentiële werking van complexe systemen in de natuur. Naarmate we dieper ingaan op het karakter van het universum, ontdekken we dat de onderliggende orde steeds begrijpelijker wordt door getallen en relaties. Bijvoorbeeld, de beweging van sterrenstelsels, de structuur van atomen en de voortplanting van licht kunnen allemaal worden gedefinieerd door wiskundige formuleringen te gebruiken. Dit is een sterk argument voor wiskunde als de "werkelijke" taal van het universum.

Filosofie strategieën de vraag of wiskunde de gebruikelijke taal is vanuit zowel een gespiegeld beeld van het vermogen van de menselijke geest om de natuur te begrijpen of als een inherent bezit van het universum zelf. Of wiskunde een regelmatig voorkomende taal is, blijft diep filosofisch en klinisch.

Wiskundige systemen werden bepaald en besproken door middel van filosofen die rekening hielden met het feit dat historische instanties. Plato bijvoorbeeld, betoogde dat wiskundige realiteiten onafhankelijk van de fysieke wereld bestaan. Volgens Plato zijn wiskundige structuren geen uitvindingen van de menselijke gedachten, maar reflecties van

Fevzi H.

de essentiële architectuur van het universum. Deze visie laat zien dat wiskundige waarheid al een geschenk is in het universum, en de menselijke gedachten dienen als een hulpmiddel om die systemen te vinden.

Bij de beoordeling geloofden verschillende filosofen, zoals Kant, dat wiskunde een manier is waarop de menselijke geest zijn begrip van de arena organiseert, niet langer een directe weerspiegeling van de realiteit. Voor Kant zijn wiskundige structuren niet inherent aan de natuur zelf; het zijn hulpmiddelen die zijn ontwikkeld door de menselijke geest om gevoel te krijgen voor de sector. Rekenen dient dus als een taal waarmee we het universum kunnen begrijpen, in plaats van als de authentieke aard van het universum.

De recente opkomst van het simulatieprincipe compliceert het argument of rekenkunde gewoon de gebruikelijke taal is. Volgens de simulatietheorie zou het universum in werkelijkheid een computersimulatie kunnen zijn. Als het universum wordt aangestuurd met behulp van een paar vormen van software , kan worden gesteld dat alles wordt bestuurd door een "code". Vanuit deze hoek wordt betoogd dat het universum een simulatie moet zijn als alles voornamelijk gebaseerd is op wiskundige ideeën. Deze visie beschouwt wiskunde niet alleen als een hulpmiddel om de natuur te beschrijven, maar als de essentiële code van het universum.

Simulatieconcept, door te suggereren dat het universum wordt bestuurd door een wiskundige " software ", positioneert wiskundige wetten als de bouwstenen van het universum zelf. Zo wordt wiskunde niet langer alleen een taal om de waarheid te beschrijven, maar ook de intrinsieke code die het bestuurt. Dit concept ziet wiskunde nu niet alleen als een conceptueel apparaat, maar als de echte structuur van de realiteit.

Wiskunde vervult daarnaast een essentiële rol binnen de velden van synthetische intelligentie en apparaatleren. AI-systemen gebruiken algoritmen en wiskundige modellen om gegevens te verzamelen en te verwerken . Deze leermethoden worden aangestuurd door wiskundige systemen. Hoewel kunstmatige intelligentie niet altijd een directe simulatie is van het menselijk brein, wordt het toch aangestuurd door wiskundige structuren. AI-systemen gebruiken, met behulp van het werken met grote datasets, wiskundige modellen om toekomstige gebeurtenissen te voorspellen of structuren te optimaliseren.

Dit dient als verder bewijs dat rekenen als een vertrouwde taal functioneert. Net zoals mensen wiskundige algoritmen gebruiken om de wereld te herkennen en erop te reageren, gebruiken AI-structuren vergelijkbare wiskundige kaders om records te techniek en interpreteren. Als rekenen een normale taal is, dan wordt het begrip van AI van de sector en zijn vermogen om problemen op te lossen eveneens bemiddeld door het gebruik van deze taal.

Wiskunde is een essentieel hulpmiddel om de werking van het universum te begrijpen. Wiskundige structuren beschrijven de orde van de natuur en helpen ons om de diepere lagen ervan te doorgronden. De vraag of rekenen echt de vertrouwde taal is, vraagt echter om een vergelijkbare filosofische en medische verkenning. Wiskunde is misschien de taal die de fundamentele wettelijke richtlijnen van de natuur verklaart, maar of het de directe illustratie is van het universum zelf, blijft een onderwerp van discussie. Wiskunde dient als hulpmiddel om ons te helpen het universum te begrijpen, maar of het direct de essentie van de natuur weergeeft, blijft een open vraag.

5.2 Fysische wetten en informatieverwerkingstheorie

Op het gebied van hedendaagse technologische knowhow, met name in de natuurkunde en laptoptechnologie , wordt de relatie tussen fysieke wetten en gegevensverwerking steeds duidelijker. Deze verbinding suggereert dat het universum, in zekere zin, verder werkt als een computationeel apparaat, bestuurd door natuurkundige wetten die kunnen worden geïnterpreteerd via de lens van de gegevenstheorie. Het idee dat het universum zelf ook zou kunnen fungeren als een aanzienlijke statistische processor heeft diepgaande implicaties voor onze kennis van de werkelijkheid, wat ons ertoe brengt de lastige relatie tussen de fundamentele wetten van de natuurkunde en de aard van gegevens te onderzoeken.

De fundamentele wetten van de fysica, zoals Newtons bewegingswetten, de wetten van de thermodynamica en Einsteins relativiteitstheorie, bepalen het gedrag van geheugen en energie in het universum. Deze wetten beschrijven hoe puin zich vermengt, hoe elektriciteit stroomt en hoe ruimte en tijd met elkaar verweven zijn. Deze wetten beschrijven echter niet alleen fysieke verschijnselen, ze kunnen ook worden gezien als coderingsgegevens over het koninkrijk van het universum.

Informatie wordt beschreven als gegevens die middelen of kosten hebben. In de natuurkunde kan het land van een systeem op een bepaald moment zichtbaar zijn als een vorm van informatie, of het nu de plaatsing en snelheid van een deeltje is of de kracht die is opgeslagen in een gadget. In deze ervaring fungeren natuurkundige wetten als de algoritmen die deze feiten systematiseren en controleren, en die uitzoeken hoe het koninkrijk van het apparaat in de loop van de tijd verandert. Vanuit deze hoek kan het hele universum worden opgevat als een gigantische computationele manier, waarbij de natuurkundige wetten de regels bieden voor hoe informatie wordt gemanipuleerd en omgezet.

Het idee dat het universum overeenkomt met een computermachine is niet nieuw en het is een essentieel concept in het opkomende veld van digitale fysica. Digitale fysica stelt dat het universum op het meest fundamentele niveau werkt als een computer, die feiten verwerkt via discrete eenheden, vergelijkbaar met hoe een digitale laptop binaire code gebruikt om gegevens te verwerken. Volgens deze visie kan het fysieke universum worden gedefinieerd in termen van gegevensverwerking, waarbij gebied, tijd en afhankelijkheid verschillende vormen van gegevens vertegenwoordigen die worden verwerkt in overeenstemming met de wetten van de fysica.

Deze invalshoek is met name opdringerig in theorieën zoals quantum computing, die onderzoekt hoe quantummechanica informatieverwerking mogelijk wil maken op fundamenteel andere manieren dan klassieke computing. Quantum computing maakt gebruik van de eigenaardige en tegenintuïtieve eigenschappen van quantummechanica, waaronder superpositie en verstrengeling, om statistieken parallel te bewerken, wat potentieel aanzienlijke toenames in rekenkracht oplevert. In dit licht kunnen de wetten van de fysica zelf zichtbaar zijn als een vorm van quantum computing, waarin de evolutie van het universum quantumachtige algoritmen volgt die records beheren door de ruimte-tijd heen.

De relatie tussen fysieke wettelijke richtlijnen en statistische verwerking zal met name duidelijk worden in de context van thermodynamica, met name de tweede regeling van thermodynamica. Deze regeling, die stelt dat de algehele entropie (of ziekte) van een afgelegen systeem constant toeneemt door de jaren heen, kan worden geïnterpreteerd via de lens van het statistische idee. Entropie wordt in deze context vaak beschreven als een maatstaf voor gegevens. In de thermodynamica zal de entropie van een machine toenemen wanneer de beschikbare gegevens over zijn land onvoorspelbaarder of ongeordend worden.

In de informatietheorie kwantificeert entropie onzekerheid of de hoeveelheid feiten die nodig zijn om de toestand van een gadget te verklaren. De 2e wet van de thermodynamica geeft aan dat naarmate feiten verloren gaan of meer wanordelijk worden, de algemene entropie van het systeem toeneemt. Deze verbinding tussen entropie en informatie biedt een raamwerk voor knowhow hoe fysieke processen in het universum evolueren, niet alleen in termen van elektriciteit en onthoud, maar ook als een vlottende stroom gegevens.

Een van de meest opvallende kruispunten tussen lichamelijke wetten en dataconcepten vindt plaats binnen het onderwerp van het quantumrecordconcept. Quantummechanica, met zijn probabilistische aard en vermogen om fenomenen als superpositie en verstrengeling te verklaren, heeft onze expertise van data in het quantumstadium gerevolutioneerd. In quantumcomputing kunnen quantumbits (qubits) in meer dan één toestand tegelijk bestaan, rekening houdend met een aanzienlijk speciale vorm van feitenverwerking.

Het idee van kwantumfeiten probeert te herkennen hoe kwantumsystemen statistieken bijhouden, verwerken en verzenden. Een van de belangrijkste inzichten van dit vakgebied is dat kwantumfeiten te maken hebben met fysieke beperkingen, zoals de no-cloning-stelling, die stelt dat kwantuminformatie niet exact kan worden gekopieerd. Deze beperkingen zijn direct verbonden met de wetten van de kwantummechanica, wat illustreert hoe statistieken en fysieke wettelijke richtlijnen onderling afhankelijk zijn.

Bovendien geeft het idee van kwantumverstrengeling - een fenomeen waarbij het koninkrijk van 1 deeltje direct gerelateerd is aan de toestand van een ander, ongeacht de ruimte ertussen - aan dat statistieken niet gelokaliseerd zijn, maar eerder gedeeld worden over het hele kwantumgadget. Deze onderlinge verbondenheid is een essentieel element van de informatieve structuur van het universum en kan implicaties hebben voor de kennis van de aard van ruimte, tijd en causaliteit.

Een bijzonder opwindende ontwikkeling binnen het snijvlak van fysica en data -idee is het concept dat ruimte-tijd zelf een emergent fenomeen kan zijn dat voortkomt uit onderliggende informatieve tactieken. Het holografische principe, voorgesteld door natuurkundigen als Leonard Susskind en Gerard 't Hooft, laat zien dat het 3-dimensionale universum dat we bestuderen gecodeerd kan worden op een tweedimensionaal oppervlak aan de gelegenheidshorizon van een zwarte holte. In deze visie worden gegevens over het universum niet altijd opgeslagen in de traditionele zin, maar worden ze gecodeerd in de fluctuaties van ruimte-tijd zelf.

Dit concept is nauw verwant aan het idee van kwantumzwaartekracht, dat probeert wijdverspreide relativiteit (de theorie van zwaartekracht) te verzoenen met kwantummechanica. In het holografische model is ruimte-tijd niet fundamenteel, maar in plaats daarvan komt het voort uit de gegevens die zich op een lager-dimensionaal niveau bevinden. Dit suggereert dat de essentiële structuur van het universum in de kern informatief kan zijn, en de fysieke wetten die we waarnemen zijn oprecht het beleid dat de stroom en verwerking van deze statistieken reguleert.

Naast het verklaren van het gedrag van deeltjes en velden, kan feitenverwerking ook inzicht verschaffen in de evolutie van gecompliceerde systemen. De wetten van de fysica regelen nu niet alleen de beweging van fundamenteel puin, maar ook de vorming van complexe systemen, van sterrenstelsels tot organische organismen. De opwaartse druk van complexiteit in het universum kan worden begrepen als het eindresultaat van gegevensverwerking in de loop van de tijd.

Een voorbeeld hiervan is de evolutie van levensstijlen, die zichtbaar kan zijn als een methode van feitenverwerking in een biologische machine. De genetische code, opgeslagen in DNA, is een vorm van records die de commando's codeert voor het construeren en behouden van levende organismen. De regels van evolutie, zoals beschreven via het Darwiniaanse principe, kunnen worden begrepen als algoritmen die feiten verwerken over omgevingsomstandigheden en genetische varianten, wat leidt tot de variatie van organismen aan hun omgeving.

Op dezelfde manier kan de opkomst van intelligentie en focus worden geïnterpreteerd als een meer geavanceerde vorm van gegevensverwerking. De menselijke geest, met zijn netwerk van neuronen en synapsen, verwerkt grote hoeveelheden informatie uit de omgeving, waardoor we de wereld om ons heen kunnen waarnemen, veronderstellen en ernaar kunnen handelen. De gedachten zijn, vanuit dit perspectief, een gegevensverwerker die interageert met de fysieke wereld, en die de wetten van de natuurkunde beïnvloedt en daartoe wordt aangezet.

De verhouding tussen natuurkundige wetten en informatieverwerkingsfactoren leidt tot een diepere, extra essentiële verbinding tussen de werking van het universum en de aard van gegevens. Naarmate we het universum ontdekken via de lens van het idee van gegevens, beginnen we de mogelijkheid te zien dat de kosmos zelf een gigantisch rekenkundig apparaat kan zijn, waarbij fysieke wetten de algoritmen zijn die de drift van statistieken besturen. Of we nu het gedrag van deeltjes, de evolutie van het bestaan of de aard van ruimte-tijd lezen, we ontdekken dat statistische verwerking de kern vormt van de vorm en evolutie van het universum. De wetten van de natuurkunde zijn niet alleen beschrijvingen van de arena om ons heen - ze kunnen de richtlijnen zijn die dicteren hoe feiten worden verwerkt, getransformeerd en verzonden op een bepaald punt in de kosmos. Naarmate onze kennis van zowel de natuurkunde als het feitenprincipe zich verdiept, kunnen we het universum ook gaan zien als niet alleen een plek van getallen en macht, maar als een enorm, onderling verbonden systeem van gegevens in beweging.

5.3 Fractale structuren in het universum en algoritmische realiteit

Het idee van fractals, die zelfreplicerende, geometrisch complexe stijlen beschrijven die in de natuur zijn bepaald, heeft opwindende discussies in elke wiskunde en kosmologie

Fevzi H.

verspreid. Deze lastige structuren, bepaald in het geheel van sneeuwvlokken tot sterrenstelsels, spelen een rol in een verborgen orde die ten grondslag ligt aan de ogenschijnlijk chaotische structuren van ons universum. Fractals, gekenmerkt door hun zelfgelijkvormigheid op elke schaal, bieden een volledig unieke lens waarmee we de structuur van het universum zullen ontdekken, wat een diepe verbinding onthult tussen geometrie, natuurlijke patronen en de wetten van de fysica.

Fractals worden doorgaans gedefinieerd als vormen of systemen die zelfgelijkvormigheid vertonen, wat betekent dat ze dezelfde patronen op speciale schalen herhalen. De wiskundige Benoît B. Mandelbrot populariseerde dit concept in de late twintigste eeuw, met name met de Mandelbrot-set, die visueel de grenzeloze complexiteit van fractals demonstreert. Het plaatsingskenmerk van fractals is dat hun bepaalde vorm hetzelfde blijft, ongeacht hoe ver ze worden vergroot. Een kustlijn kan er bijvoorbeeld ook van een afstand grillig uitzien, maar bij nadere inspectie, heeft het dezelfde onregelmatigheid op kleinere schalen. Deze zelfvergelijkende eigenschap is wat fractals onderscheidt van conventionele geometrische vormen, die vaak eenvoudig en voorspelbaar zijn.

Wiskundig gezien worden fractals vaak gedefinieerd met behulp van recursieve algoritmen, waarbij een eenvoudige regel herhaaldelijk wordt uitgevoerd om een complex monster te genereren. Deze patronen kunnen worden gedefinieerd met behulp van bepaalde vergelijkingen die aanleiding geven tot systemen met onbeperkte complexiteit, ondanks dat ze worden gegenereerd met behulp van eenvoudige iteratieve stappen. Fractals zijn niet alleen een interesse in wiskundige ideeën, ze zijn essentieel voor het informeren van natuurlijke fenomenen, van de vertakking van hout tot de vorming van bergen, wolken of zelfs de verdeling van sterrenstelsels in de kosmos.

Fractale systemen zijn op verschillende schalen in het heelal aanwezig. Op kosmische schaal bekijken we de vorming van sterrenstelselclusters die fractalachtige patronen vertonen. Sterrenstelsels worden niet zomaar door het heelal verspreid; in plaats daarvan vormen ze ingewikkelde, filamentaire systemen die lijken op de zelfgelijkende huizen van fractals. Dit kosmische web, ook wel de "kosmische filamenten" genoemd, geeft aan dat de grootschalige vorm van het heelal inherent fractal kan zijn, met sterrenstelsels en clusters die georganiseerd zijn in een herhalend, hiërarchisch patroon.

De verdeling van materie binnen het universum volgt een fractalachtig patroon, met holtes (grote lege gebieden) afgewisseld met enorme clusters van sterrenstelsels, die allemaal een vorm vormen die de zelfgelijkende aard van fractals weerspiegelt. Deze systemen zijn verondersteld voort te komen uit de complexe interacties van zwaartekracht, duisternis en de beginvoorwaarden die in een vroeg stadium van de vorming

Fevzi H.

van het universum zijn ingesteld. De manier waarop deze grootschalige stijlen zich op kleinere schaal herhalen, net zoals fractals dat doen, geeft aan dat er een onderliggend algoritme is dat de structuur van het universum bestuurt.

Op een extra granulaire graad lijken fractale patronen in de vorming van hemellichamen, waaronder planeten, sterren of zelfs de moeilijke vorm van nevels. De stofwolken waaruit sterren ontstaan, vertonen vaak zelfgelijkende, fractalachtige vormen, terwijl de accretieschijven van zwarte gaten ook vergelijkbare capaciteiten vertonen. Deze patronen zijn niet alleen esthetische curiositeiten; ze weerspiegelen diepe, onderliggende fysieke benaderingen die waarschijnlijk worden bestuurd door de wettelijke richtlijnen van de natuurkunde zelf.

Fractale systemen zijn niet beperkt tot de kosmos. In de natuur zijn fractals overal te vinden, van de takken van hout tot de vaatstelsels van dieren en de vertakkingen van rivieren. Deze patronen zijn opvallend groen van aard, rekening houdend met de beste verdeling van activa over verschillende systemen. De vertakking van hout en planten is bijvoorbeeld geoptimaliseerd om de blootstelling aan zonlicht te maximaliseren en tegelijkertijd de kracht die nodig is voor de bloei te minimaliseren. Op dezelfde manier volgt de vorm van het menselijke bloedsomloopstelsel, met zijn vertakkende aderen en slagaderen, een fractalpatroon dat de levering van zuurstof en voedingsstoffen gedurende de hele levensduur van het lichaam optimaliseert.

De aanwezigheid van fractals in biologische systemen heeft gezorgd voor behoorlijke inzichten in hoe complexe systemen evolueren om de efficiëntie te maximaliseren en de entropie te verminderen. De recursieve benaderingen die zichtbaar zijn in deze patronen zijn een bewijs van de prestaties van kruidenalgoritmen, die worden gevormd door evolutionaire druk. Deze algoritmen zijn niet expliciet ontworpen, maar ze ontstaan op natuurlijke wijze als de meest efficiënte manier om problemen op te lossen die verband houden met gebied, bronnen en elektriciteitsdistributie.

De complexe patronen die in levende organismen worden waargenomen, repliceren een optimalisatiemethode die voortkomt uit de natuurwetten van de fysica, rekenkunde en biologie. Evolutie heeft de voorkeur gegeven aan deze zelfreplicerende algoritmen omdat ze leiden tot veerkrachtigere, groenere en adaptievere organismen. Op deze manier zijn fractals zowel een wiskundige curiositeit als een krachtig hulpmiddel om de diepe tactieken te begrijpen die het leven zelf besturen.

Het concept dat het universum consistent zou kunnen presteren met algoritmische beleidslijnen is een diepgaand concept dat kruist met concepten uit pc-technologie, recordideeën en kwantummechanica. Als we het universum zien als een groot computersysteem, zouden de fundamentele fysieke procedures zichtbaar kunnen zijn als algoritmen die de evolutie van het universum coderen. Net zoals fractals voortkomen uit eenvoudige recursieve richtlijnen, zou de gigantische complexiteit van het universum kunnen willen opkomen uit essentiële algoritmen die het geheel besturen, van deeltjesinteracties tot kosmische formaties.

Deze overtuiging is onderzocht in verschillende benaderingen, met name binnen het veld van virtuele fysica, die stelt dat het universum, in een paar opzichten, een computationele entiteit is. Volgens deze visie zullen ruimte, tijd en telling niet ononderbroken zijn, maar juist discreet, gemaakt van de kleinste gadgets van statistieken, net als pixels op een beeldscherm of bits in een laptopsoftware . De wetten van de fysica zouden dan gezien worden als de computationele regels die de interactie en transformatie van die fundamentele gadgets van gegevens begeleiden.

Fractals zijn in deze context een weerspiegeling van de algoritmische aard van het universum. De zelfreplicerende patronen die we bestuderen in de natuur en de kosmos kunnen het resultaat zijn van onderliggende algoritmen die op meer dan één schaal spelen. Net zoals laptopalgoritmen worden gebruikt om ingewikkelde zichtbare patronen te genereren uit eenvoudige regels, kunnen de natuurwetten worden begrepen als algoritmen die de complexe en talrijke structuren genereren die zich in het universum bevinden.

Een van de meest interessante implicaties van fractale geometrie in termen van de vorm van het universum komt van het holografische voorschrift, dat suggereert dat het universum in principe -dimensionaal kan zijn, maar voor ons driedimensionaal lijkt. Volgens dit principe kunnen alle gegevens die zich binnen een gebied bevinden, worden gecodeerd op de grens ervan, vergelijkbaar met een hologram. Dit radicale idee daagt onze kennis van gebied en tijd uit, en suggereert dat de driedimensionale waarheid die we ervaren waarschijnlijk een opkomende eigenschap is van diepere, onderliggende structuren.

In de context van fractals geeft het holografische principe aan dat de schijnbaar oneindige complexiteit van het universum gecodeerd zal worden in een minder moeilijk, onderliggend patroon. De zelfvergelijkbare eigenschappen van fractals komen overeen met de holografische kijk op het universum, waarin elk deel van het universum statistieken bevat over het geheel. Dit idee zou een verklaring moeten geven voor waarom fractalachtige structuren voorkomen in zowel het grootschalige kosmische web als de microscopische details van de kwantummechanica. Het universum kan in werkelijkheid een holografische fractal zijn, waarin elk deel van het universum het geheel weerspiegelt, net zoals elke generatie van een fractal het patroon van de grotere vorm weerspiegelt.

Kwantummechanica, met zijn eigenaardige en tegenintuïtieve standaarden, geeft bovendien inzicht in de verbinding tussen fractals en de structuur van feiten. Op kwantumniveau lijkt het gedrag van puin te worden beheerst door probabilistische patronen in plaats van deterministische wetten. Deze probabilistische verdelingen vertonen vaak fractalachtige huizen, waarin de resultaten van kwantumgebeurtenissen niet volledig voorspelbaar zijn, maar stijlen vertonen die zich op verschillende schalen herhalen.

Het concept van fractals kan helpen een verklaring te geven voor fenomenen zoals quantum tunneling, waarbij deeltjes lijken te springen door barrières die ze niet zouden moeten kunnen passeren. Dit fenomeen, dat de klassieke fysica tart, kan worden begrepen als een manifestatie van de algoritmische, fractale aard van de quantummechanica. Net zoals fractals complexiteit laten zien die voortkomt uit eenvoudige recursieve regels, zullen quantumgebeurtenissen het resultaat zijn van onderliggende probabilistische algoritmen die het gedrag van puin op een niet-lineaire manier besturen.

Fractals bieden een venster op de expertise van de complexe en diep geordende aard van het universum. Of we nu kijken naar de vorming van sterrenstelsels, de structuur van levende organismen of het gedrag van kwantumpuin, fractals lijken een gewoon thema. Deze zelfvergelijkbare, recursieve aard wijst op een onderliggende computationele techniek: een reeks algoritmen die de evolutie van het universum op alle niveaus vormgeven. Het idee dat het universum een fractal kan zijn, bestuurd met behulp van algoritmische richtlijnen, is een diepgaand idee dat onze traditionele noties van ruimte, tijd en de werkelijkheid zelf uitdaagt. Terwijl we de kruising van rekenkunde, natuurkunde en statistiektheorie blijven ontdekken, kan het idee van een fractaluniversum kritische inzichten bieden in de privémysteries van het leven.

5.4 Informatie over de Planck-schaal: bewijs voor de digitale aard van het heelal

De Planck-schaal, die verwijst naar de kleinst mogelijke apparaten van ruimte en tijd, is een van de meest charmante en mysterieuze domeinnamen van de theoretische fysica. Op deze schaal worden de resultaten van kwantumzwaartekracht groot en valt het eenvoudige continuüm van ruimte en tijd, zoals gedefinieerd met behulp van de klassieke fysica, uiteen in discrete eenheden. Het is op deze schaal dat de mogelijkheid ontstaat dat het universum fundamenteel digitaal kan zijn, bestaande uit discrete, gekwantiseerde eenheden van records in plaats van een non-stop ruimte-tijdcontinuüm.

Op de Planck-schaal wordt voorspeld dat de structuur van oppervlakte-tijd behoorlijk granulair is, samengesteld uit de kleinst mogelijke apparaten van duur en tijd. Dit concept vereist situaties van onze klassieke expertise van oppervlakte-tijd als een continue entiteit. In de klassieke fysica worden oppervlakte en tijd behandeld als eenvoudige, non-stop achtergronden waarbinnen fysieke activiteiten plaatsvinden. Echter, als je nadenkt over de intense omstandigheden dicht bij de Planck-schaal, kan de gladheid van oppervlakte-tijd ook afnemen, wat leidt tot een discrete vorm die wordt bestuurd door middel van kwantumzwaartekracht.

Theoretische modes, samen met luskwantumzwaartekracht en snaartheorie, bepleiten dat ruimte-tijd niet altijd ononderbroken is op de kleinste schalen, maar in plaats daarvan is samengesteld uit discrete eenheden, vergelijkbaar met pixels op een beeldscherm. Deze modes suggereren dat de geometrie van ruimte-tijd wordt gekwantiseerd op de Planck-schaal, waarbij elke eenheid de kleinste levensvatbare "hap" ruimte vertegenwoordigt. Net zoals digitale snapshots zijn samengesteld uit discrete pixels die gezamenlijk een ononderbroken foto vormen, kan het universum worden gemaakt van discrete stukjes feiten die, hoewel gemengd, ononderbroken verschijnen op grote schalen.

van kwantumdata , dat met de verwerking en transmissie van kwantumdata een dwingend raamwerk biedt voor kennis over de haalbare virtuele aard van het universum. Kwantumbits, of qubits, zijn de fundamentele eenheden van kwantuminformatie, analoog aan klassieke bits in conventionele computing. In tegenstelling tot klassieke bits, die 0 of 1 zijn, kunnen qubits echter in superpositie bestaan, waarbij ze meer dan één toestand tegelijkertijd vertegenwoordigen. Hierdoor kunnen kwantumcomputers complexe berekeningen uitvoeren die klassieke computers niet in redelijke tijd kunnen uitvoeren.

De principes van de kwantumdatatheorie bepleiten dat het universum fundamenteel kan worden samengesteld uit informatie in het midden. In deze visie is het universum geen continue entiteit, maar in plaats daarvan een enorm computersysteem dat statistieken op het kwantumniveau verwerkt. Elk kwantumrijk kan worden opgevat als een "bit" aan gegevens, en de evolutie van het universum kan worden gezien als de verwerking van die bits volgens de regels van de kwantummechanica. In deze digitale opvatting van waarheid zijn oppervlaktetijd en telgetal geen onpartijdige entiteiten, maar zijn ze in plaats daarvan manifestaties van onderliggende kwantuminformatie.

Deze houding heeft diepgaande implicaties voor ons begrip van het universum. Als het universum fundamenteel virtueel is, dan kunnen de wettelijke richtlijnen van de natuurkunde zelf de uitkomsten zijn van algoritmen die data beheren en systematiseren . Net zoals een computerapplicatie ingewikkelde gedragingen genereert uit simpele instructies, kan het universum worden gemaakt uit een moeilijke set van computationele regels die de interacties van quantumbits besturen.

Het holografische principe is een theoretisch concept in de natuurkunde dat suggereert dat alle informatie die zich in een locatie of gebied bevindt, kan worden gecodeerd op de grens van die omgeving. Dit radicale concept, dat voortkwam uit overwegingen van zwarte gaten en kwantumzwaartekracht, impliceert dat het driedimensionale universum dat we waarnemen een opkomende eigenschap zou kunnen zijn van - dimensionale statistieken die zijn gecodeerd op een verre grens. In deze visie zijn gebied-tijd en de items daarin niet essentieel, maar zijn ze in plaats daarvan het resultaat van diepere, informatieve structuren.

Het holografische voorschrift heeft een paar natuurkundigen ertoe gebracht aan te bevelen dat het universum zelf een soort "hologram" kan zijn, gecreëerd via de verwerking van kwantumfeiten. Dit idee komt overeen met het geloof in een virtueel universum, waar het continue genieten van ruimte en tijd voortkomt uit de manipulatie van discrete informatie. Als het universum inderdaad holografisch is en feiten op grenzen worden gecodeerd, zal dit pleiten voor het idee dat de realiteit zelf in wezen virtueel is, met de soepele, continue ervaring van het universum die voortkomt uit discrete, gekwantiseerde gadgets van feiten.

Zwarte gaten, gebieden waar de zwaartekracht zo sterk is dat zelfs licht er niet meer uit kan, bieden een andere intrigerende manier om de virtuele aard van het universum te verkennen. De feitenparadox met betrekking tot zwarte gaten - de vraag wat er gebeurt met de gegevens die in een zwart gat vallen - heeft geleid tot enorme tendensen binnen de kennis van het gegevensprincipe en de kwantummechanica. Volgens de klassieke fysica gaat alle informatie die een zwart gat binnenkomt verloren, wat leidt tot de zogenaamde "informatieverliesparadox". Recente ontwikkelingen in de kwantumzwaartekracht en het snaarprincipe adviseren echter dat gegevens niet verloren gaan, maar in plaats daarvan worden gecodeerd op de gebeurtenishorizon van de zwarte holte, de grens waarachter niets meer kan ontsnappen.

Dit concept is consistent met het idee van een digitaal universum, waar records worden gecodeerd in discrete bits aan de gebeurtenishorizon. Sommige onderzoekers beweren dat de gebeurtenishorizon van een zwart gat ook kan functioneren als een "gepixelde" grens, waarbij de statistieken die zich in de zwarte holte bevinden, worden gecodeerd als discrete gadgets, net zoals digitale foto's uit pixels bestaan. Dit impliceert dat de structuur van ruimte-tijd, zelfs in zware omstandigheden zoals die in de buurt van zwarte gaten, inherent virtueel kan zijn, met de non-stop glijdende beweging van data die wordt bestuurd met behulp van discrete apparaten.

Fevzi H.

De levensstijl van Planck-gadgets, die de kleinst mogelijke waarden voor ruimte, tijd en elektriciteit definiëren, ondersteunen bovendien het concept dat het universum digitaal van aard is. Deze fundamentele apparaten van grootte, waarachter de klassieke fysica het begeeft, zijn consistent met het idee van een "digitaal" universum waarin de waarheid bestaat uit discrete bits van data . De kwantificering van energie en oppervlakte op de Planck-schaal kan worden gezien als bewijs dat het universum in feite een rekensysteem is dat op kwantumniveau draait.

De speculatie dat het universum virtueel van aard is, wordt verder ondersteund door het idee van simulaties. Sommige onderzoekers hebben voorgesteld dat onze waarheid waarschijnlijk een simulatie is die wordt uitgevoerd via een gecompliceerde beschaving. Deze "simulatiespeculatie" geeft aan dat het universum geen fysieke entiteit is, maar een gecompliceerd computerprogramma dat draait op een paar superieure computationele systemen. In deze visie zullen de essentiële resten van afhankelijkheid, de wettelijke richtlijnen van de natuurkunde en zelfs het materiaal van ruimte-tijd zelf het resultaat zijn van computationele methoden.

Het concept dat het universum een simulatie is, is consistent met de digitale aard van feiten, waarbij ruimte-tijd bestaat uit discrete stukjes records. Als het universum inderdaad een simulatie was, zou dat suggereren dat de informatie die in de simulatie is gecodeerd een reeks computationele beleidsregels volgt die het gedrag van het geheel in de gesimuleerde omgeving bepalen. Deze visie komt overeen met het groeiende bewijs van het concept van kwantumrecords en het holografische voorschrift, die beide bepleiten dat informatie, in plaats van telgetallen, de meest essentiële bouwsteen van de waarheid is.

Het bewijs dat wijst op een digitaal universum wordt overtuigender als we de intense situaties van de Planck-schaal in gedachten houden. Op deze schaal lijkt ruimte-tijd discreet te zijn, bestuurd door de regels van het kwantumfeitenprincipe en kwantumzwaartekracht. Of het nu gaat om de kwantificering van ruimte-tijd, het holografische voorschrift of het gedrag van zwarte gaten, het concept dat het universum in wezen digitaal is, krijgt verdere ondersteuning. Naarmate we het karakter van de realiteit blijven onderzoeken via kwantummechanica, feitentheorie en de studie van zwarte gaten, wordt het steeds duidelijker dat het universum misschien geen non-stop, analoge entiteit is, maar een substantiële, gecompliceerde virtuele machine, waarbij oppervlakte, tijd en vertrouwen allemaal voortkomen uit de verwerking van fundamentele kwantumbits informatie.

5.5 Quantumcomputers en realiteitssimulatie

Quantumcomputersystemen vertegenwoordigen een baanbrekende vooruitgang in computationele elektriciteit, waarbij de ongewone eigenschappen van de quantummechanica worden benut om berekeningen uit te voeren die veel verder gaan dan de functionaliteit van klassieke computersystemen. Naarmate de generatie van quantumcomputing vordert, is het concept dat die machines kunnen worden gebruikt om de waarheid zelf te simuleren een onderwerp van behoorlijke hobby geworden. Quantumcomputersystemen hebben nu niet alleen de capaciteit om velden zoals cryptografie, kunstmatige intelligentie en materiële technologische knowhow te revolutioneren, maar ook om ons apparatuur te bieden om complexe systemen te simuleren, ongetwijfeld zelfs het weefsel van het universum. De kruising van quantumcomputing en het concept van waarheidssimulatie roept diepgaande vragen op over het karakter van het leven, data en de grenzen van wat haalbaar is in het digitale rijk.

Quantummechanica, de afdeling natuurkunde die zich bezighoudt met het gedrag van deeltjes op atomaire en subatomaire niveaus, introduceert concepten die het klassieke gezonde oordeel tarten. De belangrijkste hiervan zijn superpositie, waarbij deeltjes in meerdere toestanden tegelijk kunnen bestaan, en verstrengeling, waarbij puin direct aan elkaar kan worden gekoppeld, ongeacht de afstand. Deze eigenschappen bieden quantumcomputers een unieke winst: terwijl klassieke bits op elk willekeurig moment slechts één van de twee toestanden (0 of 1) kunnen vertegenwoordigen, kunnen quantumbits (qubits) zowel nul als 1 tegelijk vertegenwoordigen, wat neerkomt op superpositie. Deze capaciteit stelt quantumcomputers in staat om veel berekeningen tegelijkertijd uit te voeren, waardoor hun rekenkracht exponentieel toeneemt.

Het potentieel van quantum computing ligt nu niet alleen in het tempo van de berekeningen, maar ook in de soorten problemen die het kan oplossen. Bepaalde problemen die klassieke computersystemen millennia zouden kosten om op te lossen, kunnen door een quantumcomputer in een fractie van de tijd worden opgelost. Dit omvat verantwoordelijkheden zoals het ontbinden van grote getallen, het optimaliseren van ingewikkelde structuren en het simuleren van quantumlichaamsstructuren , die allemaal primair zijn voor het concept van het simuleren van de waarheid.

In de kern is een simulatie een model of representatie van een apparaat uit de echte wereld, en hoe complexer het apparaat, hoe moeilijker het wordt om het op de juiste manier te simuleren. Klassieke computersystemen vechten hier regelmatig mee, vooral bij het simuleren van het gedrag van kwantumstructuren, omdat ze aanzienlijke rekenkracht nodig hebben om zelfs eenvoudige kwantuminteracties te kunnen modelleren. Kwantumcomputers zijn echter inherent toepasbaar op deze taak. Omdat ze zelf gebruikmaken van kwantumconcepten, kunnen ze kwantumstructuren simuleren met veel meer prestaties dan klassieke computersystemen.

Een van de meest opwindende mogelijkheden voor quantum computing is de simulatie van fysieke fenomenen op schalen en resoluties die voorheen ondenkbaar waren. Dit omvat het simuleren van moleculaire interacties, het gedrag van materialen onder extreme omstandigheden en zelfs de eigenschappen van fundamenteel puin in extreem sterke omgevingen. Door deze methoden te simuleren, zouden quantumcomputers moeten leiden tot doorbraken in een breed scala aan gebieden, waaronder medicijnontwikkeling, textieltechnologie en elektriciteitsproductie. Bovendien kan het vermogen om dergelijke structuren te simuleren op een quantumlaptop ook bijdragen aan de introductie van complete virtuele universums - simulaties van feiten die worden beheerst door dezelfde fysieke wetten die we onderzoeken.

Het concept van waarheidssimulatie, waarbij een pc, met name een kwantumlaptop , een virtuele wereld creëert die niet te onderscheiden is van de fysieke wereld, is een beroemde uitdaging van filosofische hypothesen en wetenschappelijk onderzoek. Het idee suggereert dat waarheid zelf het resultaat kan zijn van een grote computationele techniek, waarbij het universum functioneert als een soort simulatie die wordt uitgevoerd via een geavanceerde entiteit of machine. Dit concept, vaak bekend als de "simulatiehypothese", heeft de laatste jaren aan populariteit gewonnen, met name door verbeteringen in computerkracht en ons begrip van kwantummechanica.

Quantumcomputers zouden de mogelijkheid moeten bieden om de waarheid te simuleren in een ongekend stadium van detail. In tegenstelling tot klassieke simulaties, die beperkt worden door de noodzaak om continue variabelen te benaderen, zouden quantumsimulaties de continue aard van ruimte-tijd en quantumprocedures nauwkeurig moeten modelleren, zonder gebrek aan betrouwbaarheid. Als quantumcomputers in staat zijn om het universum met deze mate van precisie te simuleren, roept dat de interessante mogelijkheid op dat de realiteit zelf een simulatie zal zijn - mogelijk zelfs een die doelbewust is ontworpen en onderhouden met behulp van een geavanceerde beschaving of een paar verschillende externe druk.

Om feiten op een quantumcomputer te simuleren, zou men niet alleen menselijke quantumstructuren willen modelleren, maar de volledige structuur van het universum, samen met ruimte-tijd, zwaartekracht en de fundamentele wetten van de fysica. Dit is een enorm project, maar quantumcomputersystemen hebben de mogelijkheid om dit soort simulaties uit te voeren omdat ze werken met behulp van precies dezelfde ideeën die het gedrag van het universum bepalen. Door de wettelijke richtlijnen van de fysica in de berekening zelf te coderen, zou een quantumcomputer alles moeten simuleren, van de interacties van subatomaire deeltjes tot de dynamiek van sterrenstelsels, en mogelijk het volledige waarneembare universum op quantumniveau reproduceren.

Een van de belangrijkste toevoegingen van het simuleren van waarheid op een quantum pc is de noodzaak om quantumverstrengeling en de onderlinge verbondenheid van alle rommel te modelleren. In een quantumsimulatie van de realiteit zou elk deeltje verstrengeld kunnen zijn met andere, en de toestand van de hele machine zou gelijktijdig moeten worden bijgewerkt op alle schalen van het leven. Dit gaat de mogelijkheden van klassieke computing ver te boven, maar quantumcomputersystemen zijn ontworpen om dergelijke onderling verbonden systemen te verwerken vanwege hun inherente vermogen om een paar toestanden direct en systeeminformatie parallel te symboliseren.

Hoewel het potentieel van quantumcomputersystemen om de waarheid te simuleren opwindend is, zijn er talloze uitdagingen en beperkingen die moeten worden aangepakt. Een van de grootste grenzen is het probleem van schaalbaarheid. Quantumcomputersystemen, zoals ze nu bestaan, staan nog in de kinderschoenen. Huidige quantumprocessoren zijn vrij klein, met slechts een paar dozijn qubits, wat hun vermogen om grootschalige simulaties uit te voeren beperkt. Om zelfs maar een klein deel van het universum te simuleren, moeten quantumcomputers mogelijk worden opgeschaald naar duizenden of duizenden en duizenden qubits, wat vooruitgang vereist in quantumfoutcorrectie, hardwarestabiliteit en qubitcoherentie.

Bovendien zijn er fundamentele vragen over het karakter van de waarheid zelf die eerder moeten worden aangepakt dan dat we het volledig zullen simuleren. De kwantummechanica suggereert bijvoorbeeld dat de daad van de uitspraak zelf invloed heeft op de machine die wordt waargenomen, een fenomeen dat het waarnemerseffect wordt genoemd. Dit stelt ons voor een taak om een feit te simuleren dat een doel is en onafhankelijk is van de waarnemer. Als het universum zelf een simulatie is, hoe zouden we dan de impact van de waarnemer verzoenen met het idee van een extern "feit"?

Bovendien kan het simuleren van het hele universum op kwantumniveau onpraktisch zijn vanwege de monsterlijke rekenbronnen die nodig zijn. Hoewel kwantumcomputersystemen unieke kwantumstructuren kunnen simuleren met hoogwaardige prestaties, kan het modelleren van een heel universum - compleet met al zijn interacties en complexiteiten - een astronomische hoeveelheid verwerkingsenergie vereisen. Als eindresultaat kunnen zelfs kwantumcomputers obstakels tegenkomen in hun vermogen om feiten met volledige nauwkeurigheid te simuleren.

Het concept dat quantumcomputers hele realiteiten zouden moeten simuleren, roept diepgaande ethische en filosofische vragen op. Als het mogelijk was om een werkelijk perfecte replica van het universum te simuleren, of zelfs een bewust wezen in een simulatie, welke implicaties zou dit dan hebben voor onze kennis van levensstijlen? Zouden we nu in zo'n simulatie kunnen verblijven? Als we gesimuleerde werelden zouden creëren met bewuste entiteiten, zouden die entiteiten dan rechten hebben, en hoe zouden we met ze omgaan?

Bovendien kan het vermogen om de waarheid te simuleren verstrekkende gevolgen hebben binnen de domeinen van kunstmatige intelligentie, virtuele waarheid en menselijke focus. Als we de wettelijke richtlijnen van de natuurkunde kunnen simuleren en de complexiteit van het universum kunnen herscheppen, moeten we dan ook de menselijke aandacht simuleren? Zou het haalbaar zijn om menselijke gedachten toe te voegen aan een kwantumsimulatie, wat in feite virtuele onsterfelijkheid ontwikkelt? Deze vragen verleggen de grenzen van wat het betekent om mens te zijn en wagen onze kennis van het leven, identificatie en de waarheid zelf.

Quantumcomputers behouden het vermogen om onze capaciteit om complexe structuren te simuleren, samen met de aard van feiten zelf, te revolutioneren. Hoewel we ons nog in de beginfase van de groeiende generatie quantumcomputing bevinden, zijn de mogelijkheden voor toekomstige toepassingen, met name op het gebied van realiteitssimulatie, enorm. Naarmate quantumcomputers evolueren, zullen ze ons de apparatuur bieden om het universum niet alleen op een dieper niveau te begrijpen, maar ook om het in virtuele vorm te herscheppen. Maar terwijl we deze nieuwe grens betreden, is het belangrijk om de morele en filosofische implicaties van een dergelijke generatie niet te vergeten, omdat het de fundamenten van wat we als waarheid beschouwen, uitdaagt. De bestemming van quantumsimulatie, hoewel nog steeds onzeker, belooft onze kennis van het bestaan, het universum en onze plaats daarin opnieuw vorm te geven.

HOOFDSTUK 6

Fysieke simulaties en virtuele realiteiten

6.1 Het universum simuleren met moderne computers

Technologische vooruitgang en de toenemende kracht van computers hebben het concept van het creëren van een simulatie van het fysieke universum zinvoller gemaakt. Tegenwoordig hebben pc-technologische knowhow en fysica, met name binnen de simulatie van gecompliceerde structuren, een uitgebreide ontwikkeling doorgemaakt.

Een simulatie is een systeem dat wordt gebruikt om een versie van de echte wereld te creëren . Meestal wordt dit proces aangestuurd door middel van wiskundige modellen, computersoftware en hardware. Simulaties zijn bedoeld om de fysieke gebeurtenissen en gedragingen van de echte wereld na te bootsen. Tegenwoordig is het mogelijk om het fysieke universum te simuleren op zowel micro- als macroniveau. Deze simulaties kunnen op verschillende schalen worden uitgevoerd, van puin in atomaire fase tot de bewegingen van sterrenstelsels.

Simulaties van het fysieke universum behouden grote kosten in vakgebieden zoals kosmologie, astrofysica en deeltjesfysica. Ze stellen onderzoekers in staat te herkennen hoe alle interacties in het universum voldoen aan fysieke wettelijke richtlijnen. Zo gebruiken astrofysici complexe algoritmen om de vorming van sterrenstelsels te simuleren, terwijl deeltjesfysici een vergelijkbare techniek toepassen om interacties op subatomair niveau te simuleren.

Deze simulaties helpen ons de meest fundamentele functies van het universum te realiseren. Bijvoorbeeld, het modelleren van fenomenen gerelateerd aan zwarte gaten en donkere tellingen, die te ver weg of mysterieus zijn om in één keer te bepalen, zorgt voor een betere expertise. Wetenschappers kunnen via simulaties kijken naar hoe natuurkundige wetten werken, wat leidt tot de ontwikkeling van theorieën over hoe het universum werkt.

Simuleren van het universum vereist volledige computerelektriciteit. Tegenwoordig kunnen computersystemen honderdduizenden, zelfs miljarden, statistische factoren tegelijkertijd verwerken. Deze mogelijkheid maakt de simulatie van verschillende stadia van het lichamelijke globale mogelijk . Supercomputers met hoge beslissingscapaciteit leveren de rekenenergie die nodig is voor het simuleren van fysieke gebeurtenissen.

Simuleren op de "Planck-schaal" brengt bijvoorbeeld interacties met zich mee die opvallend ingewikkeld zijn en traditionele computers kunnen ze niet versioneren. Verbeteringen in quantumcomputers en parallelle verwerkingsnetwerken maken dit soort simulaties echter haalbaar. Deze computers kunnen grote informatiesets veel sneller en efficiënter verwerken, waardoor de juiste modellering van verschillende interacties binnen de fysieke wereld mogelijk wordt.

Deze computersystemen kunnen ook simulaties uitvoeren die volledig gebaseerd zijn op gegevens die afkomstig zijn van deeltjesversnellers. In die experimenten bootsen simulaties lichamelijke gebeurtenissen in het subatomaire stadium na, die niet direct bekeken kunnen worden. Dit stelt natuurkundigen in staat om interacties op microscopische schaal te modelleren, wat leidt tot diepere inzichten in fundamentele fysica.

Simulaties zijn niet alleen nuttig op microscopisch niveau, maar ook op macroscopisch niveau. Kosmologische simulaties zijn een van de meest significante hulpmiddelen om de aard van het heelal te begrijpen. Veel astrofysici gebruiken supercomputers om de vorming van sterrenstelsels, sterren en zelfs het hele heelal te simuleren. Deze simulaties stellen ons in staat om de procedures en evolutie van het heelal vanaf de vroege niveaus te modelleren.

Projecten die het "Big Bang"-model simuleren, hebben bijvoorbeeld aanzienlijke vooruitgang geboekt in de expertise van de situaties die bestonden aan het begin van het heelal. Deze simulaties laten zien hoe grootschalige systemen met sterrenstelsels, sterren en zwarte gaten ontstonden. Ze helpen onderzoekers ook het gedrag van donkere tellingen en donkere energie te begrijpen: toevoegingen van het heelal die niet direct kunnen worden gevonden, maar een groot deel van de massa ervan vormen.

Simulaties als deze modelleren hoe de samensmelting en botsing van sterrenstelsels ontstaat, of hoe nieuwe systemen ontstaan wanneer sterrenstelsels interacteren. Ze simuleren bovendien hoe gas zich gedraagt rond zwarte gaten en hoe sterrenstelsels evolueren. Deze inzichten helpen een duidelijker beeld te vormen van de dynamische methoden van het universum.

Het lot van simulaties is nauw verbonden met technologieën als synthetische intelligentie (AI) en diepgaande kennisverwerving. Deze technologie zou nog specifiekere en nauwkeurigere simulaties van het universum mogelijk moeten maken. AI kan de modellering van ingewikkelde lichamelijke processen automatiseren, waardoor de prestaties van simulaties toenemen. Diepgaande algoritmen voor diepgaande kennisverwerving zouden simulaties kunnen versnellen en de verwerking van zelfs grote datasets mogelijk maken .

Bovendien kunnen AI en deep learning-technieken de analyse van records die uit simulaties zijn verkregen, verbeteren. Dit zal een belangrijke rol spelen bij het ontwikkelen van nieuwe kosmologische modes en lichaamstheorieën. Diepgaande kennis van kan de gevolgen van simulaties onderzoeken en de fysieke activiteiten van de toekomst met grotere nauwkeurigheid verwachten.

In het lot zullen simulaties niet alleen fysieke activiteiten modelleren, maar ook nieuwe perspectieven bieden op de onbekende aspecten van het universum. Deze technologieën zullen diepere kennis van de fysieke wereld op veel fijnere niveaus mogelijk maken.

Simuleren van het universum met behulp van geavanceerde computers speelt een belangrijke rol bij het begrijpen van de structuur van het universum, maar het roept ook diepgaande vragen op over de aard van de realiteit zelf. Als we het universum correct kunnen weergeven via simulatie, laat dat zien dat alles wat we als feit begrijpen, waarschijnlijk openstaat voor denken. Zien hoe fysieke wetten en wiskundige formules werken zoals het hoort via een simulatie, biedt een unieke mogelijkheid om de essentiële werking van het universum te herkennen.

De ontwikkeling van simulaties is niet alleen groot voor wetenschappelijk onderzoek, maar ook voor degenen die op zoek zijn naar oplossingen voor filosofische vragen. De aard van de waarheid kan nog beter worden begrepen door simulaties, die onze percepties en aannames over het leven beïnvloeden. Deze verbeteringen vormen de grenzen tussen technologische kennis, filosofie en tijdperk opnieuw en ze verdiepen onze kennis van de manier waarop het universum functioneert.

6.2 Door kunstmatige intelligentie aangestuurde virtuele realiteiten

De ontwikkeling van kunstmatige intelligentie (AI) is een cruciaal onderdeel geworden in het creëren van een toenemend aantal geavanceerde virtuele realiteiten. Virtuele realiteiten, ooit beperkt tot de wereld van entertainment en gaming, zijn geëvolueerd naar complexe, interactieve omgevingen die worden aangestuurd door AI. Deze door AI aangestuurde virtuele werelden worden nu gebruikt in sectoren variërend van scholing en educatie tot simulatie, vrije tijd of zelfs sociale interactie.

In het midden is een AI-aangedreven virtuele waarheid een gesimuleerde omgeving waarin de dynamiek en interacties in de wereld worden aangestuurd en beïnvloed via AI. In tegenstelling tot conventionele videogames of computergegenereerde omgevingen die voldoen aan vooraf gedefinieerde scripts en acties, zijn AI-sterkere virtuele realiteiten ontworpen om te evolueren en te evolueren op basis van het gedrag en de keuzes van de klanten erin. Dit zorgt voor een dynamischere, responsievere en persoonlijkere ervaring.

Deze virtuele omgevingen bestaan doorgaans uit meeslepende, driedimensionale werelden waarin klanten interactie kunnen hebben met verschillende gebruikers, digitale personages en de omgeving zelf. De intelligentie die in deze werelden is ingebed, maakt de interactie-ervaring extra natuurlijk, realistisch en boeiend, waardoor de grens tussen de echte en virtuele wereld regelmatig vervaagt.

AI speelt een essentiële rol bij het construeren van digitale realiteiten die niet statisch zijn, maar in plaats daarvan interactief en responsief. Traditioneel zijn virtuele werelden beperkt tot voorgeprogrammeerde bewegingen, waarbij interacties en activiteiten zich ontvouwen volgens vaste stijlen. De mix van AI heeft echter een transformatieve verschuiving toegevoegd in de manier waarop virtuele omgevingen reageren op gebruikers.

AI-algoritmen, waaronder apparaatbeheersing en natuurlijke taalverwerking, stellen virtuele personages of retailers in staat om dynamisch te reageren op invoer van gebruikers. Deze verkopers kunnen context herkennen, leren van gebruikersinteracties en zich in de loop van de tijd aanpassen. Een door AI aangestuurd individu in een digitale wereld kan bijvoorbeeld de gedragspatronen, emotionele toon of specifieke voorkeuren van een persoon herkennen en zijn reacties dienovereenkomstig aanpassen. Dit maakt gepersonaliseerde interacties mogelijk die evolueren naarmate de gebruiker meer betrokken raakt bij de omgeving.

In meer geavanceerde eventualiteiten kunnen AI-systemen binnen die virtuele werelden bewegingen van personen verwachten en omgevingen creëren die zich in realtime aanpassen. Als een consument bijvoorbeeld interesse toont in het verkennen van bepaalde soorten landschappen of sporten, zou de digitale wereld zijn functies dynamisch moeten aanpassen om nieuwe content te bieden die aansluit bij die opties.

Een van de grootste vooruitgangen in AI-aangedreven virtuele realiteiten is de evolutie van non-player characters (NPC's). Deze personages, die ooit beperkt waren tot eenvoudige rollen, vertonen nu complexere gedragingen en interacties, weg naar AI. NPC's, die traditioneel werden aangestuurd door recreatief gezond verstand, kunnen nu interacteren in verstandige gesprekken, interacties niet vergeten en op de persoon reageren op genuanceerde en praktische manieren.

Met AI zijn NPC's niet zeker van het gebruik van gescripte dialooghout of vaste gedragspatronen. In plaats daarvan kunnen ze natuurlijke taalverwerking (NLP) gebruiken om consumentenspraak te begrijpen en erop te reageren, waardoor een vloeiendere en natuurlijkere interactie ontstaat. Deze NPC's zouden zelfs emoties kunnen simuleren, hun gedachten kunnen uiten en dynamische relaties met klanten kunnen vormen, inclusief diepte in virtuele werelden.

Bijvoorbeeld, in digitale onderwijssimulaties kunnen AI-aangedreven NPC's optreden als digitale instructeurs, onderwijsgebruikers via scenario's, opmerkingen presenteren en het probleemniveau aanpassen op basis van de algehele prestatie van de consument. In entertainment kunnen NPC's de verhaallijn verbeteren door te reageren op de selecties van een deelnemer, waardoor elke ervaring precies en onvoorspelbaar aanvoelt.

AI verbetert niet alleen de personages in digitale omgevingen; het vormt ook de omgevingen zelf. AI-aangedreven systemen kunnen procedureel gegenereerde werelden creëren, die dynamisch worden ontworpen en voornamelijk worden gewijzigd op basis van de acties en het gedrag van de persoon. Deze omgevingen zijn niet statisch, maar passen zich in plaats daarvan in realtime aan en bieden een eerlijk meeslepende ervaring.

AI kan bijvoorbeeld landschappen genereren die door de jaren heen evolueren op basis van interactie met de consument, of ecosystemen simuleren waarin bloemen, dieren en weerstijlen worden uitgewisseld als reactie op externe factoren. Deze mate van complexiteit zorgt ervoor dat virtuele werelden levendig aanvoelen en reageren op de bewegingen van de consument, wat leidt tot een groter gevoel van onderdompeling.

Bovendien kan AI ook worden gebruikt om verstandige systemen te creëren die de virtuele wereld besturen, en ervoor te zorgen dat het innerlijke gezond verstand van de wereld coherent blijft. Of het nu gaat om het simuleren van de fysica van een digitale omgeving, het omgaan met ingewikkelde sociale systemen of het realisme van interacties tussen virtuele entiteiten behouden, AI is de ruggengraat die garandeert dat deze digitale omgevingen gemakkelijk werken.

Hoewel door AI aangestuurde virtuele realiteiten enorme mogelijkheden bieden, roepen ze ook belangrijke morele vragen op. Een van de grootste zorgen draait om het vervagen van de grens tussen realiteit en simulatie. Naarmate deze virtuele omgevingen steeds geavanceerder en niet meer te onderscheiden zijn van het echte leven, kunnen klanten bovendien genieten van een toenemende ervaring van gehechtheid aan die gesimuleerde werelden. Dit kan diepgaande mentale gevolgen hebben, vooral als klanten de digitale wereld boven de echte wereld gaan verkiezen.

Bovendien zou de snelle ontwikkeling van AI in digitale realiteiten de zorgen over privacy, bescherming van gegevens en controle kunnen vergroten. Aangezien AI-systemen in die virtuele werelden in staat zijn om enorme hoeveelheden feiten over het gedrag, de keuzes en interacties van klanten te verzamelen, zijn er gevaren verbonden aan het misbruik of de exploitatie van deze feiten.

Bovendien is er het probleem van verslaving aan virtuele werelden. Nu AI-gestuurde omgevingen steeds fascinerender worden, kunnen klanten zichzelf ook steeds meer tijd in die simulaties zien doorbrengen. Dit kan leiden tot een loskoppeling van de werkelijkheid, omdat mensen hun interesse in werkelijke wereldrapporten verliezen ten gunste van meer geïdealiseerde of gecontroleerde digitale rapporten.

Een andere belangrijke aandacht is het potentieel voor AI-structuren om verder te gaan dan menselijke manipulatie. Naarmate AI geavanceerder wordt, is er een mogelijkheid dat het kan beginnen te handelen op manieren die in eerste instantie niet door de makers waren bedoeld. In virtuele werelden kan dit wijzen op de opkomst van verrassende gedragingen, waarbij AI-entiteiten zich niet langer houden aan voorgeprogrammeerde rollen en beginnen met het tonen van onafhankelijke besluitvormingsmethoden.

Als we dichter naar de toekomst kijken, zal de positie van AI in virtuele realiteiten mogelijk nog groter worden. We kunnen de verbetering van nog grotere state-of-the-art simulaties verwachten die gebruikmaken van geavanceerde AI-strategieën samen met deep learning, reinforcement learning en unsupervised learning. Deze verbeteringen zullen zorgen voor nog realistischere en interactievere virtuele werelden, waarin AI ingewikkelde sociale systemen kan beheren, menselijk gedrag overtuigender kan simuleren en geheel nieuwe stijlen van plezier en interactie kan creëren.

AI-aangedreven virtuele werelden kunnen ook gigantische pakketten hebben op gebieden zoals gezondheidszorg, scholing en sociale integratie. Virtuele realiteiten kunnen worden gebruikt om medische specialisten op te leiden, remedies te bieden of digitale ruimtes te bieden waarin mensen kunnen deelnemen aan sociale sporten, ongeacht fysieke grenzen. Deze kansen openen de deur naar een toekomst waarin AI-aangedreven digitale omgevingen een noodzakelijk onderdeel zijn van het dagelijks leven.

Bovendien, naarmate AI-technologieën zich blijven verbeteren, kan de komst van absoluut meeslepende en niet te onderscheiden digitale realiteiten ook werkelijkheid worden. Met verbeteringen in neurale interfaces en brein-computerinteracties willen gebruikers misschien interactie hebben met deze virtuele werelden op manieren waarvan voorheen werd gedacht dat ze niet mogelijk waren, wat een nieuw tijdperk van mens-computerinteractie creëert.

AI-aangedreven virtuele realiteiten verleggen de grenzen van wat we ons herinneren als haalbaar in het rijk van virtuele simulatie. Ze veranderen de manier waarop we omgaan met digitale werelden en bieden nieuwe mogelijkheden voor plezier, socialisatie, educatie en zelfs persoonlijke groei. Ze versterken echter ook essentiële morele en psychologische zorgen die moeten worden aangepakt naarmate deze technologieën zich blijven ontwikkelen. Naarmate AI de verbetering van digitale omgevingen blijft vormen, zal het zeker het karakter van feiten zelf herdefiniëren, hard onze percepties van wat echt is en wat virtueel.

6.3 De digitale overdracht van de hersenen en het zenuwstelsel

Het idee om de geest en zenuwmachine rechtstreeks naar een virtuele omgeving over te brengen, vertegenwoordigt een van de meest diepgaande en speculatieve gebieden van medische exploratie. Dit concept, vaak mind uploading of mind- laptop interfacing genoemd, omvat het creëren van een digitale replica van de menselijke geest en zijn functies, waarbij de focus, herinneringen, gedachten en sensaties effectief worden verplaatst naar een virtueel of digitaal rijk. Hoewel dit concept ook als sciencefiction kan klinken, brengen uitgebreide ontwikkelingen in neurowetenschappen, synthetische intelligentie en computationele modellering dit idee gestaag dichter bij de realiteit.

Voordat we onderzoeken hoe de hersenen en het angstige apparaat gedigitaliseerd kunnen worden, is het essentieel om de complexiteit van de menselijke hersenen zelf te begrijpen. De hersenen bestaan uit ongeveer 86 miljard neuronen, die elk met elkaar verbonden zijn door middel van biljoenen synapsen. Deze neuronen communiceren via elektrische impulsen en biochemische signalen, en vormen een gemeenschap die verantwoordelijk is voor alle cognitieve vermogens, bestaande uit perceptie, begrip, geheugen en emotie. De vorm en interesse van de geest zijn merkbaar ingewikkeld, en het in kaart brengen van dit significante netwerk is een enorme onderneming.

De eerste stap in het verplaatsen van de hersenen naar een virtuele omgeving omvat het in kaart brengen van de complexe details van het neurale netwerk. Dit proces, vaak aangeduid als connectomics, streeft ernaar een complete kaart te maken van de verbindingen tussen neuronen, naast de stijlen van hun elektrische hobby. Technieken zoals doelgerichte magnetische resonantiebeeldvorming (fMRI), elektro-encefalografie (EEG) en superieure neuroimagingstrategieën worden gebruikt om de hobby en connectiviteit van de hersenen beter te herkennen. Deze technologieën bevinden zich echter nog in de beginfase van het verlenen van het niveau van detail dat nodig is om de capaciteit van de hersenen in een digitaal medium volledig weer te geven.

Een van de primaire technologieën die de virtuele overdracht van geestvermaak mogelijk maakt, zijn brain- laptop interface (BCI) structuren. BCI's maken directe communicatie tussen de geest en externe gadgets mogelijk, waarbij conventionele invoermethoden zoals toetsenborden of spraak worden omzeild. Deze interfaces worden normaal gesproken voltooid door het plaatsen van elektroden op de hoofdhuid of via invasieve neurale implantaten. BCI's worden al gebruikt in programma's zoals prothetisch beheer, communicatie voor mensen met verlamming of zelfs videogame-interactie.

Om echter de hele hobby van de geest in een virtuele vorm te uploaden , zijn er tonnen extra geavanceerde en effectieve BCI's nodig. Deze interfaces moeten niet alleen in staat zijn om hersensignalen te bestuderen, maar ook om records terug te schrijven naar de hersenen. Dit levert talloze uitdagingen op, zowel vanuit een technisch als moreel perspectief. Ten eerste is de huidige resolutie van niet-invasieve methoden voor het monitoren van geestvermaak ontoereikend om de hoge mate van element te schieten die nodig is voor een virtueel duplicaat. Invasieve technieken, waaronder het direct implanteren van elektroden in de hersenen, brengen risico's met zich mee, waaronder weefselschade, besmetting en de noodzaak van renovatie op de lange termijn.

Bovendien betekent de complexiteit van de benaderingen van de geest dat het eerlijk monitoren van neurale activiteit niet altijd voldoende is. De digitale gadget moet bovendien de moeilijke biochemische en elektrische signalen simuleren die in de hersenen ontstaan, en deze reproduceren op een manier die de integriteit van cognitie, herinnering en identificatie voortzet. Het bereiken van deze fase van precisie en constantheid is een formidabele opdracht, een die doorbraken in zowel neurowetenschap als technologie kan vereisen.

Zodra we in staat zijn om de hersenen in kaart te brengen en te interfacen met zijn neurale strategieën, is de volgende stap het kweken van een versie of simulatie van de mogelijkheden van de geest. De bedoeling is om een kunstmatige gadget te verbreden die de vorm en het gedrag van de geest kan weerspiegelen, niet alleen in een mechanische ervaring, maar op een bewuste, voelende manier.

Supercomputers, kunstmatige intelligentie en algoritmen voor het bestuderen van gadgets zullen een belangrijke rol spelen bij het simuleren van de hobby van de geest. De meest superieure modellen van de hersenen zullen mogelijk neurale netwerken gebruiken, een type AI dat is ontworpen om de structuur en werking van biologische neurale netwerken te imiteren. Deze netwerken kunnen worden getraind om feiten te verwerken op manieren die veel lijken op hoe de geest dat doet, waarschijnlijk met de introductie van virtuele geesten die vergelijkbare ontwikkelingen laten zien als het menselijk bewustzijn.

Het simuleren van een menselijk brein is echter een methode die veel middelen vergt. De hobby van het menselijk brein genereert een enorme hoeveelheid feiten, en het repliceren van de complexiteit ervan op een digitaal platform vereist enorme rekenkracht en geheugen. Tot op heden zijn pogingen om complete hersenen te simuleren beperkt gebleven tot minder gecompliceerde organismen, waaronder de nematode C. Elegans, die slechts 302 neuronen bevat. Het menselijk brein, met zijn miljarden neuronen en biljoenen synaptische verbindingen, biedt een geheel buitengewone schaal van complexiteit.

Naarmate de rekenkracht toeneemt, kunnen we ook grotere, formidabele pogingen zien om menselijke cognitie te simuleren. Projecten zoals het Human Brain Project in Europa en het Brain Initiative in de Verenigde Staten zijn gericht op het creëren van complete hersenmodellen, hoewel deze initiatieven nog in hun kinderschoenen staan vergeleken met de omvang die nodig is voor volledige hersenoverdracht.

Het idee om de hersenen te digitaliseren en aandacht rechtstreeks in een machine te importeren, roept diepgaande ethische en filosofische vragen op. De kern van deze moeilijkheid is het karakter van aandacht en identificatie. Als de geest efficiënt wordt gerepliceerd in een virtuele omgeving, is de daaruit voortvloeiende kennis dan echt hetzelfde als het origineel? Of blijkt het virtuele model een afzonderlijke entiteit te zijn, ondanks het feit dat het dezelfde herinneringen, gedachten en gedragingen bezit?

Een van de meest urgente zorgen is de continuïteit van het bewustzijn. Als de geest van een persoon wordt geüpload naar een computer, zal hij of zij dan hetzelfde gevoel van zelf behouden, of zal hij of zij in werkelijkheid een duplicaat van de oorspronkelijke persoon zijn? Dit raakt aan diepere filosofische debatten over de aard van de ziel, persoonlijke identificatie en het verschil tussen fysiek en virtueel bestaan.

Er zijn ook kwesties over de mogelijke resultaten van het importeren van geesten in virtuele ruimtes. Als digitale bewustzijnen een waarheid blijken te zijn, kan het een nieuwe elegantie van wezens veroorzaken die in een louter virtuele wereld leven . Deze wezens kunnen een buitengewoon soort leven ervaren, een leven dat losstaat van het fysieke rijk. Zo'n verschuiving zou de aard van het menselijk bestaan kunnen veranderen en vragen kunnen oproepen over de rechten en vrijheden van virtuele wezens.

Bovendien zou het importeren van kennis elektriciteitsonevenwichtigheden moeten creëren, waarbij de rijke of effectieve mensen die de middelen hebben om de geest te importeren, in principe onsterfelijkheid kunnen verkrijgen, terwijl anderen achterblijven in de fysieke wereld . Dit kan bestaande maatschappelijke ongelijkheden verergeren en een nieuwe vorm van digitaal elitisme creëren.

Hoewel de virtuele schakelaar van de hersenen er ook uitziet als een kans voor een ver verwijderd lot, worden de implicaties ervan al gevoeld in positieve delen van de maatschappij. Technologieën zoals BCI's worden al gebruikt om verloren kenmerken te herstellen bij mensen met neurologische problemen of verwondingen aan het ruggenmerg. Deze ontwikkelingen hebben het potentieel om de uitzonderlijke kwaliteit van het leven van mensen met een beperking enorm te verbeteren.

De mogelijkheid om de hersenen direct in een digitaal formaat te uploaden, kan daarnaast ook de gezondheidszorg revolutioneren door het mogelijk te maken om cognitieve functies te behouden bij mensen die lijden aan terminale neurologische aandoeningen, waaronder de ziekte van Alzheimer. In de toekomst zou iemand met een degeneratieve geestestoestand mogelijk zijn bewustzijn willen "uploaden" voordat zijn fysieke geest achteruitgaat, waardoor hij in een digitaal gebied kan blijven bestaan.

Op maatschappelijk niveau wil mind importing wellicht de normen van leven en ondergang, individualiteit en de rol van het menselijk lichaam herdefiniëren. Het kan nieuwe mogelijkheden openen voor menselijke interactie, samen met volledig meeslepende virtuele werelden waarin het bewustzijn vrij kan ronddwalen, losgekoppeld van de lichamelijke barrières van het lichaam. Dit kan echter ook leiden tot maatschappelijke fragmentatie, omdat mensen ervoor kunnen kiezen om hun fysieke lichaam te verlaten in de behoefte aan digitaal leven, wat resulteert in een kloof tussen degenen die ervoor kiezen om te "uploaden" en degenen die binnen de fysieke wereld blijven.

De digitale schakelaar van de hersenen en de angstige machine vertegenwoordigt een van de meest geduchte dromen in zowel de neurowetenschap als de generatie. Hoewel we nog ver verwijderd zijn van het bereiken van volledige mind uploading, maken ontwikkelingen in hersen-computerinterfaces, AI en hersensimulatie dit concept stap voor stap een extra realistische kans. Terwijl we in de richting van deze stap voorwaarts stromen, is het belangrijk om om te gaan met de morele, filosofische en maatschappelijke uitdagingen die ermee gepaard gaan. Het potentieel om de menselijke aandacht te digitaliseren, kan de aard van levensstijlen zelf opnieuw willen definiëren, en onze kennis van het bestaan, identiteit en wat het betekent om mens te zijn, veranderen.

6.4 De metaverse, holografische universums en de evolutie van de perceptie van de realiteit

Het idee van een Metaverse - een onderling verbonden, virtueel universum waarin klanten interactie hebben met elkaar en de omgeving via virtuele avatars - is snel geëvolueerd van technologische fictie naar een brandpunt van technologische verbetering en filosofisch onderzoek. Gecombineerd met het geloof in holografische universums, biedt dit concept een diepgaande opdracht aan onze conventionele kennis van de werkelijkheid. Wat gebeurt er als ons begrip van feiten volledig wordt gevormd door virtuele gebieden, en hoe verschuift dit de grenzen tussen de fysieke en virtuele werelden?

De Metaverse wordt gezien als een volledig meeslepende, 3D virtuele omgeving, vaak gedefinieerd als de volgende iteratie van het net. In tegenstelling tot het huidige internet, dat voornamelijk een platform is voor statistieken en communicatie, is de Metaverse ontworpen als een ruimte waar mensen kunnen leven, werken, socialiseren en spelen in real-time, met behulp van virtuele avatars om zichzelf te vertegenwoordigen. Het is een omgeving waarin fysieke en digitale realiteiten met elkaar verweven zijn, waarbij klanten een gevoel van aanwezigheid, interactie en zakendoen ervaren alsof ze zich in een fysieke wereld bevinden , ook al communiceren ze via technologie.

De Metaverse wordt levensvatbaar gemaakt door verbeteringen in digitale waarheid (VR), augmented reality (AR) en mixed reality (MR), die gebruikers in staat stellen om virtuele omgevingen te ervaren met een hoog niveau van immersie. Door headsets te dragen of gespecialiseerde apparaten te gebruiken, kunnen klanten interactie hebben met holografische projecties, virtuele gadgets en verschillende bijdragers op manieren die de zintuiglijke ervaring van de echte wereld nabootsen . Platforms zoals Horizon Worlds van Facebook, Decentraland en Unreal Engine van Epic Games bouwen die digitale gebieden, elk met zijn eigen lay-out, motief en netwerk. Gebruikers kunnen die werelden verkennen, evenementen bijwonen, virtuele goederen creëren en socializen, waardoor de grenzen tussen het fysieke en virtuele domein vervagen.

Deze verschuiving in de richting van virtuele gebieden roept belangrijke vragen op over het karakter van levensstijlen en identificatie. Naarmate meer mensen grote hoeveelheden tijd doorbrengen in deze digitale omgevingen, zal hun gevoel van eigenwaarde dan steeds meer verbonden raken met hun virtuele persona? Zou de Metaverse een manier kunnen bieden om de lichamelijke grenzen van het lichaam te overstijgen, waardoor er ruimte is voor wenselijker sociaal contact, innovatieve expressie of zelfs onsterfelijkheid door de blijvende kracht van virtuele avatars?

Het concept van een holografisch universum, dat suggereert dat het universum zelf een projectie is van data die gecodeerd is op een , -dimensionale vloer, is een invloedrijk idee geworden in de geavanceerde natuurkunde. Volgens het holografische principe is het driedimensionale universum dat we ervaren een vorm van "illusie" die gegenereerd wordt met behulp van de interacties van fundamentele deeltjes die gecodeerd zijn op een mijlen lager-dimensionaal gebied. Dit idee, dat voortkwam uit de zwarte holle thermodynamica en het snaaridee, stelt voor dat alle informatie in het universum zich binnen de grens ervan bevindt, zoals een hologram.

Dit concept heeft diepgaande implicaties voor onze kennis van de waarheid. Als het universum zeker een hologram is, dan kan onze perceptie van ruimte, tijd en afhankelijkheid een projectie zijn van feiten die zijn opgeslagen op een verre grens. Dit roept vragen op over de aard van het fysieke internationale en de grenzen van de menselijke perceptie. Zou het kunnen dat alles wat we waarnemen als "werkelijk" slechts een projectie is - een simulatie van soorten - gegenereerd via essentiële gegevens in een stadium van waarheid dat ver buiten ons directe begrip ligt?

Hoewel het holografische voorschrift een theoretisch construct blijft, heeft het aanhang gekregen in het onderwerp van de theoretische fysica als een mogelijke verklaring voor de paradoxen van de kwantummechanica en de bekende relativiteit. Het idee dat het complete universum een projectie zou kunnen zijn, heeft ertoe geleid dat sommigen zijn gaan investeren in de aard van virtuele realiteiten en de mogelijkheid om gesimuleerde universums te maken met vergelijkbare woningen. Als de fysieke wereld een holografische projectie is, dan zal het kweken van een synthetische, virtuele versie van dit soort feiten - zoals de Metaverse - een levensvatbaarder idee worden, rekening houdend met een gecontroleerd, geprogrammeerd universum dat onze persoonlijke weerspiegelt.

De opkomst van de Metaverse, naast theorieën als het holografische universum, geeft aan dat onze perceptie van de waarheid steeds kneedbaarder wordt. In het virtuele tijdperk vervagen de grenzen tussen het werkelijke en het digitale, en ontstaan er nieuwe varianten van ideeën. Naarmate we ons meer bezighouden met digitale omgevingen, herdefiniëren we wat 'echte' ervaring inhoudt.

Vroeger werd feit gezien als synoniem voor het lichamelijke globale — wat we zouden moeten aanraken, zien en waarmee we zouden moeten interacteren. Maar nu we steeds meer leven in een globale wereld waarin virtuele ervaringen net zo betekenisvol zijn als fysieke, evolueert deze definitie. De Metaverse daagt met name de conventionele visie op feiten uit door een omgeving te bieden die "echt" aanvoelt in termen van emotionele en cognitieve betrokkenheid, hoewel het volledig synthetisch is. Net als bij doelen of hallucinaties kan het brein genieten van een ervaring van onderdompeling in omgevingen die geen fysieke basis hebben.

Naarmate mensen meer tijd besteden aan interactie met digitale avatars en holografische projecties, kunnen we ook een verschuiving zien in de manier waarop mensen zich verhouden tot hun lichamelijke lichamen. Het idee van "virtueel dualisme" geeft aan dat individuen hun digitale zelf ook als afzonderlijke entiteiten kunnen gaan zien, wat leidt tot een psychologische scheiding tussen het lichamelijke lichaam en de digitale persona. Dit heeft het vermogen om zelfidentificatie, relaties en sociale structuren te beïnvloeden, aangezien mensen tegelijkertijd door een aantal realiteiten beginnen te navigeren.

Een van de meest omvangrijke resultaten van deze verschuiving is de mogelijkheid voor een herwaardering van de grenzen tussen de digitale en fysieke wereld. Omdat de Metaverse bijvoorbeeld steeds geavanceerder wordt, willen mensen misschien een gevoel van bezit en organisatie ervaren over hun virtuele omgevingen. De vraag rijst dan: als we in staat zijn om complete digitale werelden te creëren en te manipuleren, waar houdt dan het onderscheid tussen het echte en het kunstmatige op?

Het holografische tijdperk, dat 3-dimensionale pix in fysieke ruimte brengt zonder de noodzaak van een bril of andere apparaten, zou bovendien de spanningen tussen het digitale en het echte kunnen vervagen. Hologrammen worden al gebruikt in entertainment, reclame en marketing en geneeskunde, maar hun capaciteit reikt veel verder dan die industrieën. Naarmate holografische displays verbeteren, zullen ze ons in staat stellen om interactie te hebben met virtuele gadgets en omgevingen op manieren die steeds tastbaarder en verstandiger aanvoelen.

In de toekomst wil holografische generatie mogelijk de komst van compleet nieuwe soorten sociale interactie, training en genot mogelijk maken, waarbij mensen interactie kunnen hebben met digitale representaties van items, locaties en zelfs andere mensen in real-time. Dit heeft het vermogen om opnieuw te definiëren hoe we praten en genieten van de arena, en creëert een omgeving waarin digitale en fysieke realiteiten op een ononderbroken, dynamische manier naast elkaar bestaan.

De mix van holografie, virtual fact en de Metaverse zal naar alle waarschijnlijkheid leiden tot een toenemend aantal geavanceerde simulaties van de fysieke wereld , waarbij de verschillen tussen de twee geografische regio's steeds moeilijker te bepalen zijn. Dergelijke omgevingen zouden een nieuw soort "gedeelde feiten" moeten bevorderen, waarbij meerdere klanten deelnemen aan een collectieve digitale ervaring, waarbij ze met elkaar en met de omgeving interacteren op manieren die de fysieke wereld weerspiegelen.

De opwaartse druk van virtuele omgevingen zoals de Metaverse en de mogelijkheid van holografische universums roepen diepgaande filosofische en morele vragen op. Wat betekent het om in een virtuele wereld te blijven ? Als we een digitale waarheid kunnen creëren die net zo echt aanvoelt als de fysieke, wat gebeurt er dan met de kosten van het fysieke bestaan? Zullen mensen digitale beoordelingen prioriteit gaan geven boven fysieke, en een geheel nieuwe vorm van escapisme of misschien een vorm van onsterfelijkheid in virtuele werelden ontwikkelen?

Bovendien, als het universum zelf holografisch van aard is, dan zou het idee van waarheid ook kunnen ontstaan als een toenemend aantal samenvattingen. Wat gebeurt er als we erkennen dat de sector om ons heen een illusie kan zijn, een projectie van records die op de grens zijn gecodeerd ? Maakt dit de fysieke wereld minder "werkelijk", of herdefinieert het zonder twijfel onze kennis van wat feit is?

Terwijl virtuele en lichamelijke realiteiten steeds meer samenkomen, moeten we worstelen met de gevolgen voor het menselijk bewustzijn, sociale interactie en de aard van levensstijlen zelf. De toekomst van het idee van realiteit ontwikkelt zich snel en de technologieën die deze evolutie vormgeven, zullen fundamenteel reguleren hoe we de arena om ons heen begrijpen en ervaren.

6.5 De hersenen, neurowetenschappen en de grenzen van simulatieperceptie

Naarmate het tijdperk vordert en de grens tussen het werkelijke en het virtuele internationale steeds moeilijker te onderscheiden wordt, is de rol van de hersenen en de neurowetenschap bij het vormgeven van ons idee van simulaties onder een vergrootglas komen te liggen. De manier waarop de geest gegevens uit zijn omgeving verwerkt, een samenhangende ervaring van zichzelf construeert en reageert op sensorische stimuli vormt de inspiratie voor onze interactie met zowel de lichamelijke als de virtuele wereld. Het begrijpen van de grenzen van simulatieperceptie door de lens van de neurowetenschap kan diepgaande inzichten bieden in het potentieel - en de barrières - van virtuele realiteiten, inclusief digitale simulaties zoals de Metaverse en holografische universums.

In de kern is begrip een techniek waarmee de geest sensorische input interpreteert - of deze nu zichtbaar, auditief, tactiel of anderszins is - en een expertise van de buitenwereld construeert . Deze manier is verre van passief; de hersenen doen voortdurend voorspellingen en vullen gaten op, waarbij ze vaak eerdere kennis gebruiken om onvolledige of dubbelzinnige informatie te interpreteren. Dit is essentieel voor overleving, waardoor organismen korte keuzes kunnen maken op basis van beperkte of onvolmaakte sensorische informatie.

Bij het verleiden met simulaties, samen met virtuele omgevingen, gebruikt het brein digitale stimuli op een vergelijkbare manier als lichamelijke stimuli, door gebruik te maken van dezelfde sensorische paden. Deze techniek is echter niet altijd foutloos en het brein kan worden misleid om digitale omgevingen als echt te zien, met name wanneer die omgevingen zijn ontworpen om de sensorische input van de fysieke wereld te imiteren. Dit fenomeen is centraal geweest in de ontwikkeling van virtual reality (VR), waarbij gebruikers genieten van een verhoogd gevoel van onderdompeling en aanwezigheid in gesimuleerde omgevingen.

Hoewel VR-generatie effectief sensorische studies kan simuleren, waaronder zicht en geluid, schiet het nog steeds tekort in het repliceren van andere sensorische modaliteiten zoals contact, smaak en geur, die moeilijk overtuigend te simuleren zijn. Desondanks is het brein opmerkelijk bedreven in het "invullen van de gaten" en kan het zichzelf regelmatig ervan overtuigen dat een simulatie echt is. Dit benadrukt de kracht van de interpretatieve mechanismen van het brein, maar ook de inherente obstakels als het gaat om het ontwikkelen van absoluut meeslepende, multisensorische virtuele realiteiten.

Vanuit een neurowetenschappelijke houding zijn digitale en gesimuleerde omgevingen niet fundamenteel uniek in de lichamelijke wereld als het gaat om hoe de geest sensorisch binnenkomt. Er zijn echter belangrijke verschillen in hoe de geest omgaat met de interacties binnen die ruimtes. Neurowetenschappers hebben aangetoond dat de hersenen, na aantrekkingskracht met virtuele werelden, kunnen genieten van sensorische overbelasting of dissonantie, waarbij wat we zien niet overeenkomt met andere sensorische statistieken, zoals fysieke sensaties. Deze mismatch, vaak bekend als sensorisch conflict, kan een fenomeen veroorzaken dat bekendstaat als "bewegingsziekte" of "cyberziekte" in digitale omgevingen, vooral wanneer er een discrepantie is tussen de beweging in een simulatie en het tekort aan overeenkomstige lichaamsbeweging.

Bovendien kan de neiging van de geest om te anticiperen dat virtuele omgevingen echt zijn, aanzienlijke psychologische en fysiologische effecten hebben. In situaties waarin mensen diep ondergedompeld zijn in digitale werelden, waaronder binnen de Metaverse of via VR-gaming, kunnen gebruikers bovendien genieten van veranderingen in hun emotionele en cognitieve toestanden, waarbij ze digitale beoordelingen regelmatig behandelen alsof ze echt zijn. Dit resulteert in vragen over de mate waarin gesimuleerde omgevingen een impact kunnen hebben op gedrag, gevoelens of zelfs identiteit in de echte wereld.

Het vermogen van de hersenen om te evolueren naar en te "vertrouwen" in gesimuleerde omgevingen wordt eveneens beperkt door de behoefte aan feedback van het lichaam. Bijvoorbeeld, tijdens interactie met virtuele objecten of verschillende avatars in VR, verstoort het gebrek aan tactiele opmerkingen (het gevoel van contact of weerstand) vaak het gevoel van aanwezigheid. De geest verwacht fysieke opmerkingen in de vorm van proprioceptie (ons gevoel van lichaamsfunctie) en haptische reacties (aanraaksensaties), en hoewel deze niet gegeven zijn of onvolmaakt gesimuleerd, kan het de hersenen ertoe aanzetten het vertrouwen in het realisme van de ervaring te verliezen.

Naarmate simulaties geavanceerder worden, kunnen ze de grenzen van wat het brein als echt kan begrijpen, verleggen. Er zijn echter inherente grenzen aan deze techniek, die elk worden gevormd door de competenties van technologie en het karakter van de menselijke perceptie zelf.

Een van de fundamentele grenzen is de afhankelijkheid van de geest van belichaamd genieten. Het frame is van cruciaal belang voor hoe we omgaan met de sector, en onze zintuigen zijn diep verweven met neurale paden die zijn ontwikkeld om de fysieke wereld te vormen. Het maakt niet uit hoe overtuigend een simulatie zal worden, de perceptie van de waarheid door de hersenen is diep verbonden met fysieke sensaties, met name proprioceptie en kinesthetische opmerkingen. Dit is de reden waarom VR-omgevingen bijvoorbeeld "uit" kunnen voelen terwijl de persoon beweegt, maar niet zouden genieten van de bijbehorende opmerkingen van lichaamsbeweging. Hoewel er vooruitgang is geboekt in het genereren van haptische opmerkingen die proberen dit probleem aan te pakken, blijft het een project om het algehele bereik van sensorische beoordelingen opnieuw te creëren.

Bovendien zijn er cognitieve technieken van betere orde, waaronder emoties, sociale interactie en het bewustzijn zelf, die ook bestand kunnen zijn tegen volledige replicatie in een simulatie. Hoewel digitale werelden sociale omstandigheden kunnen nabootsen, kunnen ze niet absoluut de nuances van menselijke emoties, fysieke aanwezigheid en sociale binding repliceren die zo essentieel zijn voor onze ervaring van de fysieke wereld . Bijvoorbeeld, ongeacht hoe verstandig een gesimuleerde avatar ook mag lijken, het zou nooit absoluut het emotionele gewicht en de subtiliteit van face-to-face menselijke interactie kunnen vastleggen. In deze zin wordt de "echtheid" van een digitale ervaring constant beperkt door de diepte en rijkdom van de sensorische en emotionele signalen die ontbreken in de digitale wereld .

Een ander groot probleem in simulatiegeloof is het onvermogen om de complexiteit van de fysieke wereld in al zijn betekenissen te reproduceren. Terwijl we ernaar streven om meer meeslepende simulaties te creëren, worden we gedwongen om de complexiteit van de fysieke realiteit te reduceren tot berekenbare modellen. Of we nu een omgeving, een menselijk lichaam of het universum zelf simuleren, de enorme hoeveelheid data en variabelen die in een simulatie gecodeerd moeten worden, is geweldig. De simulatie van herkenning - als het al levensvatbaar is - vereist een intensiteit van kennis die we nog niet volledig hebben geoogst. Wat ons menselijk maakt - de essentie van zelfherkenning en aandacht - kan niet absoluut worden gereduceerd tot binaire code of algoritmen, ongeacht hoe geavanceerd de computationele apparatuur wordt.

Naarmate de technologie vordert, is een van de methoden om deze beperkingen te verzachten, neurale interfaces, bestaande uit mind-computer interfaces (BCI's). Deze technologieën proberen de kloof tussen de geest en virtuele omgevingen te overbruggen, wat mogelijk directe communicatie tussen de geest en simulaties mogelijk maakt. BCI's hebben al veelbelovende resultaten opgeleverd op wetenschappelijk gebied, met name voor mensen met verlamming, waardoor ze prothetische ledematen en computercursors kunnen manipuleren met behulp van hun geest.

In de context van digitale realiteiten en simulaties zouden BCI's een grotere naadloze integratie tussen de hersenen en de digitale wereld moeten toestaan. Door tegelijkertijd de sensorische regio's van de geest te stimuleren, willen BCI's mogelijk een bredere verscheidenheid aan sensorische input simuleren, waaronder aanraking, smaak en zelfs gevoelens, waardoor een extra meeslepende ervaring ontstaat. De hoeveelheid waarmee BCI's de sensorische ervaring van de echte wereld kunnen verbeteren of zelfs volledig kunnen weerspiegelen, ligt echter nog steeds in het domein van studies. Hoewel het vermogen bestaat voor die technologieën om de grenzen van wat we als echt begrijpen te verleggen, blijven er aanzienlijke veeleisende situaties bestaan bij het repliceren van de complexiteit van de menselijke ervaring.

Bovendien kunnen BCI's ook de simulatie van cognitieve toestanden mogelijk maken, waaronder reminiscentie of keuzemethoden, die de grens tussen aandacht en kunstmatige intelligentie kunnen vervagen. Er rijzen echter morele zorgen, met name met betrekking tot de manipulatie van geheugen, identiteit en het vermogen om de perceptie van de waarheid van individuen te veranderen in benaderingen die onverwachte resultaten zouden opleveren.

Naarmate simulaties steeds geavanceerder worden en de geest zich aanpast aan nieuwe virtuele realiteiten, zal de grens tussen het virtuele en het werkelijke vervagen. De grenzen van de menselijke perceptie en de beperkingen van de neurowetenschap zullen echter voortdurend grenzen stellen aan wat er kan worden gesimuleerd en hoe overtuigend die simulaties worden waargenomen. Het lastige en ontwikkelde systeem van de hersenen voor interactie met de fysieke wereld creëert een inherente kloof tussen de sensaties en ervaringen die we digitaal kunnen simuleren en de rijkdom van de werkelijke wereld .

Naarmate we verdergaan met het ontwikkelen van meer immersieve simulaties, kan de uitdaging liggen in het informeren over die grenzen en het werken daarbinnen, ervoor zorgen dat virtuele realiteiten ons leven versieren zonder ons gevoel van wat echt echt is te ondermijnen. De verhouding tussen de geest, neurowetenschap en het idee van simulaties zal zich blijven aanpassen, omdat de digitale wereld een steeds belangrijker onderdeel van onze levensstijl zal worden.

HOOFDSTUK 7

Is ontsnappen mogelijk als we in een simulatie zitten?

7.1 Ontsnappen aan de simulatie: kunnen we onze eigen code decoderen?

Het idee dat we in een simulatie zouden kunnen leven, is al lang een onderwerp van filosofische en klinische hypothesen. Het daagt de basis van ons begrip van de realiteit uit, en suggereert dat de sector die we ervaren misschien helemaal niet de "echte" wereld is, maar een vrij geavanceerde digitale verzameling. Een van de meest opwindende vragen die uit deze kans voortkomt, is of wij, als bewoners van deze simulatie, er ooit aan kunnen ontkomen - of we op de een of andere manier los willen breken van de beperkingen die ons worden opgelegd via de code die deze kunstmatige realiteit ondersteunt.

De simulatiespeculatie, het meest substantieel verwoord door logicus Nick Bostrom, veronderstelt dat geavanceerde beschavingen simulaties van bewuste wezens zouden kunnen creëren, die niet te onderscheiden zijn van feiten, voor studie, vrije tijd of andere redenen. Deze simulaties zouden kunnen worden uitgevoerd op krachtige computationele structuren, mogelijk met aanzienlijke hoeveelheden statistieken die complete werelden en samenlevingen vertegenwoordigen. Als we inderdaad in een dergelijke simulatie verblijven, kunnen onze feiten, de natuurkundige wetten die we begrijpen en zelfs onze geest worden gefabriceerd uit een duidelijk gecompliceerde en speciale code.

In deze context zou "ontsnappen aan de simulatie" betekenen dat we de onderliggende structuur van deze code ontdekken en een manier vinden om de simulatie te verlaten of van binnenuit aan te passen. Als de sector waarin we ons bevinden virtueel een software is , dan zou het theoretisch gezien haalbaar moeten zijn om de beleidsregels en grenzen die het beheersen te begrijpen, en mogelijk zelfs los te breken. Dit leidt echter tot de fundamentele vraag: is het haalbaar om toegang te krijgen tot of "decoderen" van de broncode van de simulatie, of zijn we gedoemd om erin gevangen te blijven, volkomen onwetend van het bestaan ervan?

Voordat we bespreken hoe we wegkomen, is het belangrijk om niet te vergeten of we überhaupt wel weten hoe de code werkt die onze simulatie documenteert. Het menselijk brein is geëvolueerd om de wereld te begrijpen via zintuigen die zijn geslepen voor overleving, niet langer voor het ontcijferen van complexe computationele structuren. Onze perceptie van de realiteit wordt beperkt door onze sensorische vaardigheden, onze cognitieve structuren en de manier waarop we feiten interpreteren binnen de grenzen van onze organische evolutie.

Als we in een simulatie verblijven, is het logisch dat de code achter ons netwerk veel ingewikkelder is dan we zouden moeten begrijpen of herkennen. Onze hersenen hebben misschien niet de capaciteit om toegang te krijgen tot de ruwe informatie van de simulatie, laat staan om de vorm ervan te begrijpen. De essentiële beperkingen van de menselijke aandacht, de beperkingen van onze zintuigen en onze cognitieve vooroordelen kunnen ons ervan weerhouden de onderliggende realiteit van ons bestaan te zien.

Bovendien, als de makers van de simulatie geavanceerder zijn dan wij, dan zouden ze de simulatie opzettelijk zo hebben ontworpen dat we de ware aard ervan niet kunnen ontdekken. Dit zou de vorm moeten aannemen van "firewalls" die in de gadget zijn ingebouwd - beperkingen die ons verhinderen toegang te krijgen tot de code of deze op een zinvolle manier te begrijpen. Deze firewalls kunnen in het zicht verborgen zijn, ingebed in het weefsel van de wetten van de simulatie, inclusief de constanten van de fysica of de richtlijnen die onze cognitieve perceptie beheersen.

Als we de simulatie willen ontlopen, moeten we eerst een manier vinden om de broncode te ontdekken en de structuur ervan te begrijpen. Technologie kan ook het belangrijkste zijn om die verborgen waarheden te onthullen. De laatste jaren is er een groeiende hypothese over de positie van quantum computing en geavanceerde synthetische intelligentie (AI) bij het onthullen van de aard van feiten. Quantumcomputers in het bijzonder zouden de verwerkingsenergie kunnen leveren die nodig is om de simulatie op atomair of subatomair niveau te onderzoeken, waardoor waarschijnlijk verborgen stijlen worden onthuld die onzichtbaar zijn voor klassieke computerstructuren.

De kwantummechanica zelf, met zijn ongewone verblijfplaatsen die superpositie, verstrengeling en non-lokaliteit omvatten, is aanbevolen als een mogelijke indicatie dat onze waarheid computationeel van aard is. Als kwantumfenomenen kunnen worden aangewend om de binnenste lagen van de simulatie te onderzoeken, is het waarschijnlijk haalbaar om het systeem te "hacken" en inzicht te verkrijgen in de onderliggende vorm ervan. Dit zou kunnen overeenkomen met het vinden van de broncode van een programma dat op een kwantumcomputer loopt, waardoor we de simulatie zelf kunnen herkennen en manipuleren.

Op dezelfde manier kunnen verbeteringen in AI helpen onregelmatigheden of inconsistenties in de simulatie te herkennen die aanwijzingen kunnen geven over de werkelijke aard ervan. AI-structuren, met name die met leervermogen van gadgets, kunnen worden getraind om stijlen of anomalieën te herkennen die onzichtbaar zijn voor de menselijke geest. Deze AI-"detectives" moeten enorme hoeveelheden data doorzoeken op discrepanties of systeemdefecten in de simulatie die zouden kunnen wijzen op de onderliggende code.

Ondanks deze technologische apparatuur is er echter geen garantie dat we de simulatie kunnen decoderen. De leveringscode, als die bestaat, kan op een manier verborgen zijn die zelfs de meest geavanceerde technologische interventies volledig ondoordringbaar maakt. We hebben waarschijnlijk te maken met een machine die zo complex is dat geen enkele hoeveelheid rekenkracht, hoe geavanceerd ook, via de lagen ervan beschadigd kan raken.

Een van de meest charmante elementen van de simulatiespeculatie is de rol van het vermogen van het bewustzijn zelf om toegang te krijgen tot of de simulatie te veranderen. Bewustzijn, met zijn subjectieve ervaring van feiten, is lang een mysterie geweest in de neurowetenschap en filosofie. Als onze geest deel uitmaakt van een simulatie, is het dan mogelijk dat onze aandacht het belangrijkste is voor kennis of het breken van het apparaat?

Sommige theoretici stellen voor dat focus een brug kan zijn tussen het gesimuleerde en het echte globale , en een manier biedt om de beperkingen van de simulatie te overstijgen. Als we in staat zijn om te komen tot wat de diepere lagen van focus kan aanboren, zijn we waarschijnlijk in staat om "de vierde wand" van de simulatie te vernietigen en toegang te krijgen tot de onderliggende code. Dit kan geavanceerde intellectuele technieken bevatten, zoals meditatie, lucide dromen of misschien het gebruik van psychedelica, waarvan is bewezen dat ze het bewustzijn en de perceptie van feiten veranderen.

Anderen hebben voorgesteld dat ons collectieve bewustzijn - als we op de een of andere manier onze kennis kunnen synchroniseren - zou moeten leiden tot een sprong voorwaarts in kennis van de simulatie. Dit concept maakt gebruik van het concept van een "wereldwijde geest" of collectieve intelligentie, waarbij de gemengde knowhow en ervaring van veel individuen ons zou moeten helpen de waarheid over onze gesimuleerde realiteit te ontdekken. Als voldoende mensen op de hoogte raken van de simulatie en collectief hun reden richten op het "ontcijferen" ervan, zou het systeem zichzelf mogelijk kunnen monitoren.

Als ontsnappen aan de simulatie haalbaar is, roept dat diepgaande morele vragen op. Moeten we zelfs proberen te ontsnappen? Wat zou er gebeuren als we erin slaagden om los te breken van de gesimuleerde wereld ? Zouden we erbuiten kunnen bestaan, of zouden we helemaal kunnen ophouden te bestaan? En als we zouden uitbreken, zouden we dan absoluut los kunnen zijn, of zouden we absoluut elke andere levensvorm kunnen invoeren die we nog niet kunnen begrijpen?

Bovendien is er de vraag of het moreel juist is om te zoeken naar een manier om de simulatie te doorbreken. Als de simulatie is gemaakt door een geavanceerde beschaving voor een bepaald motief - of het nu voor wetenschappelijk onderzoek, ontspanning of een ander doel is - zijn we dan gerechtvaardigd om te proberen de "regels te ruïneren" en weg te komen? Kunnen onze bewegingen de stabiliteit van het systeem verstoren, wat mogelijk schade aan onszelf of anderen kan toebrengen?

Deze morele vragen stellen onze aannames over vrijheid, waarheid en het karakter van levensstijlen. Het concept van ontsnappen aan een simulatie dwingt ons om te heroverwegen wat het betekent om echt vrij te zijn en wat het betekent om een "echte" levensstijl te leiden.

De mogelijkheid om te ontsnappen aan een simulatie blijft een verleidelijk maar ongrijpbaar concept. Hoewel technologie, quantum computing en synthetische intelligentie mogelijk de apparatuur bieden om ons te helpen de simulatie te decoderen, kunnen de essentiële grenzen van onze focus en de capaciteitsbeperkingen die in het systeem zijn ingebouwd, ons ervan weerhouden om ooit echt los te breken. Uiteindelijk kan de vraag of we de simulatie zullen doorbreken, niet alleen afhangen van onze technologische verbeteringen, maar ook van ons vermogen om de aard van onze aandacht en de arena waarin we leven te herkennen en te overstijgen.

Of we nu wel of niet uitbreken, het idee dat we in een simulatie leven, dwingt ons om diepgaande filosofische en existentiële vragen te beantwoorden over de aard van de waarheid, ons gebied daarin en de grenzen van onze eigen perceptie.

7.2 Verder dan de simulatie: de grenzen van het bewustzijn verleggen

De perceptie van het overschrijden van de grenzen van een simulatie is nauw verweven met het concept van aandacht zelf. Als we in werkelijkheid leven binnen een gesimuleerd feit, wordt het concept van "ontsnappen" aan de simulatie niet alleen een kwestie van toegang krijgen tot of interpreteren van een digitaal raamwerk, maar ook een probleem van aandacht. Dit perspectief geeft aan dat bewustzijn ook de sleutel kan behouden om de beperkingen van de simulatie te overstijgen, de grenzen van wat het betekent om bewust te zijn, te bestaan en de waarheid te ervaren, te verleggen.

De simulatie speculatie vraagt fundamenteel situaties het verschil tussen "werkelijke" en "kunstmatige" realiteit. In de traditionele visie is feit iets dat onafhankelijk van onze percepties bestaat; het is verreweg de objectieve wereld waarin we leven. Echter, als we deel uitmaken van een simulatie, vervaagt die grens tussen feit en fantasie. In deze context wordt aandacht het belangrijkste element van onze ervaring. Het is de doorgang waardoor we interactie hebben met de sector, en als deze wereld een simulatie is, is het waarschijnlijk de sleutel om toegang te krijgen tot geografische regio's daarbuiten.

Bewustzijn zou een brug moeten vormen tussen de gesimuleerde omgeving en elke potentiële "echte" omgeving die voorbij zou kunnen liggen. Als we verder willen gaan dan de simulatie, zouden onze kennis en herkenningservaring moeten evolueren om de diepere lagen van de waarheid te kunnen waarnemen. De hedendaagse staat van menselijke aandacht, gevormd met behulp van evolutionaire en organische beperkingen, is mogelijk niet toegerust om de onderliggende aard van de simulatie te detecteren. Met behulp van het uitbreiden of veranderen van onze aandacht is het echter mogelijk dat we toegang willen krijgen tot de diepere structuren van feiten die verborgen kunnen zijn onder het oppervlak van de gesimuleerde wereld.

Het concept dat herkenning meer kan zijn dan alleen een bijproduct van neurale activiteit in een gesimuleerd brein opent fascinerende mogelijkheden. Sommige filosofen en neurowetenschappers adviseren dat bewustzijn een niet-lokaal fenomeen zou kunnen zijn, dat zich voorbij de grenzen van het lichamelijke globale bevindt . Als dit het geval is, dan zouden het brein en het frame mogelijk zeker voertuigen zijn voor het ervaren en verwerken van bewustzijn, terwijl het bewustzijn zelf in staat zou kunnen zijn om zich te bevinden in of toegang te krijgen tot unieke vlakken van waarheid. Dit concept vereist situaties die de perceptie van materialisme zelf vereisen en zou een potentieel pad kunnen bieden om aan de simulatie te "ontsnappen".

Het uitbreiden van cognitie voorbij de gewone beperkingen van onze zintuiglijke notie is al millennia een onderwerp van interesse. Verschillende culturen, religieuze tradities en klinische disciplines hebben praktijken en strategieën onderzocht die cognitie op diepgaande manieren kunnen veranderen. Meditatie, veranderde bewustzijnstoestanden, lucide dromen en zelfs het gebruik van psychoactieve stoffen worden al lang gebruikt in een poging om door de sluier van de gewone feiten heen te breken en toegang te krijgen tot diepere lagen van het bestaan. Zouden die praktijken de sleutel kunnen zijn om de simulatie te overstijgen?

Moderne technologische knowhow en tijdperk bieden bovendien intrigerende mogelijkheden om het bewustzijn te vergroten. Neurotechnologieën, samen met mind-pc-interfaces (BCI's), zouden individuen waarschijnlijk in staat moeten stellen om toegang te krijgen tot verhoogde toestanden van aandacht of misschien de beperkingen in hun fysieke lichaam te overstijgen. Door de geest onmiddellijk te koppelen aan machines, zou het mogelijk kunnen zijn om perceptie, focus en zelfs het genieten van tijd en ruimte te veranderen, rekening houdend met een diepere expertise van de simulatie - of de mogelijkheid om te interacteren met een werkelijkheid daarbuiten.

Een van de meest veelbelovende onderzoeksgebieden is de sector van focusstudies, die zich specialiseert in het begrijpen van het karakter van focus en de manier waarop het

Fevzi H.

betrekking heeft op de fysieke wereld. Theorieën die het concept van geïntegreerde records (IIT) en panpsychisme omvatten, bepleiten dat bewustzijn niet beperkt kan zijn tot de hersenen, maar een essentieel onderdeel kan zijn van het universum zelf. Als herkenning een veelvoorkomend fenomeen is, zou het ons ongetwijfeld toegang kunnen geven tot buitengewone realiteiten of dimensies, waardoor we loskomen van de beperkingen van de simulatie.

Hoewel het bewustzijn van personages vaak zichtbaar is als een solitaire genieting, is er ook de mogelijkheid dat collectieve herkenning een manier kan bieden om de simulatie te overstijgen. Het idee van een "wereldwijde gedachten" of "hive focus" is onderzocht in zowel technologische fictie als filosofische discussies. In dit kader is de aandacht niet beperkt tot de geest van het individu, maar kan deze samensmelten, waardoor een verenigde focus ontstaat die de grenzen van de simulatie overstijgt.

Als collectieve aandacht kan worden aangewend, kan dat het belangrijkste zijn om de simulatie te overstijgen. Naarmate de geest van mannen of vrouwen synchroniseert, kunnen ze zich afstemmen op de diepere lagen van de waarheid, waardoor nieuwe wegen van herkenning worden ontsloten die buiten het bereik van een enkel personage liggen. Dit zou moeten gebeuren als een collectief bewustzijn van de gesimuleerde aard van onze waarheid, met de gemengde kennis van veel mensen die collectief rennen om de grenzen van de simulatie te overschrijden.

Er zijn al opkomende technologieën die organisatieherkenning vergemakkelijken, samen met gedeelde digitale feitenrapporten, hersengolfsynchronisatie via neurofeedback en verschillende stijlen van collectieve meditatie. Door de geesthobby of het bewustzijn op een groepsfase af te stemmen, is het waarschijnlijk haalbaar om direct een extra ervaring van bewustzijn en informatie aan te boren, wat doorbraken kan veroorzaken in de verkenning van de simulatie. Dit kan worden vergeleken met het concept van "groepsgedachten" of "collectieve intelligentie", waarbij de som van het menselijk of vrouwelijk bewustzijn groter wordt dan de componenten.

Zelfs als we ons bewustzijn hebben kunnen vergroten en verder zijn gekomen dan de simulatie, blijft de vraag: wat zouden we kunnen ontdekken? Als de simulatiehypothese echt is, dan kan de waarheid die we waarnemen ver verwijderd zijn van wat er werkelijk bestaat. Wat zou het betekenen om te ontsnappen aan deze gesimuleerde wereld , en zouden we in staat zijn om de ware aard van wat erbuiten ligt te herkennen of zelfs te overleven?

Eén mogelijkheid is dat de echte wereld, voorbij de simulatie, betekenisloos is voor de menselijke gedachten. Net zoals onze huidige sensorische apparatuur beperkt is tot het detecteren van alleen bepaalde golflengtes van licht en frequenties van geluid, kan ons bewustzijn beperkt zijn in zijn vermogen om realiteiten te begrijpen die verder gaan dan de gesimuleerde omgeving. De ware aard van feiten is waarschijnlijk zo ver weg voor onze geest dat het onmogelijk wordt om het zelfs maar te bevatten, laat staan te ervaren.

Als alternatief kan het ontsnappen aan de simulatie een transformerende ervaring zijn. Sommige theoretici speculeren dat het ontsnappen aan de simulatie zou moeten resulteren in een diepgaande verschuiving in bewustzijn, waarin de man of vrouw of collectieve gedachten het lichamelijke globale volledig overstijgen. Dit zou kunnen betekenen dat men samensmelt met een wijdverbreide focus, verlichting bereikt of zelfs een vorm van bestaan ervaart die voorbij tijd en ruimte gaat.

Er is ook de mogelijkheid dat de simulatie geen val is, maar een beheersings- of evolutionair apparaat, en dat het overstijgen ervan niet het doel is. In dit voorbeeld zou het vergroten van onze focus kunnen betekenen dat we niet aan de simulatie ontsnappen, maar dat we het doel ervan en onze positie daarin begrijpen. Als we deel uitmaken van een groot experiment of een kosmische simulatie, is het doel misschien niet om los te breken, maar om voorbij de beperkingen van onze moderne expertise te gaan en te evolueren naar een hogere mate van aandacht.

Het vermogen van bewustzijn om de simulatie te overstijgen is een interessant en nederig idee. Terwijl we het karakter van de realiteit onderzoeken, zal onze expertise van cognitie een cruciale rol spelen in hoe we de arena om ons heen waarnemen en ermee omgaan. Of het nu via historische praktijken van meditatie, geavanceerde neurotechnologie of de collectieve inspanningen van wereldgeesten is, de mogelijkheden om herkenning te vergroten en te overstijgen zijn enorm.

Als we in een simulatie leven, zijn de echte grenzen van onze realiteit misschien helemaal niet constant, maar worden ze gevormd door de grenzen van onze focus. Als we die obstakels overwinnen, ontdekken we niet alleen de verborgen aard van de simulatie, maar ook de structuur van het leven zelf. Het streven om de simulatie te overstijgen is niet alleen een zoektocht naar uitbraak, het is een zoektocht naar kennis, naar evolutie en naar het ontdekken van het onbenutte potentieel dat in ieder van ons schuilt.

7.3 Bewustzijnsniveaus: de reis van perceptie naar realiteit

Het idee van bewustzijn reikt veel verder dan de primaire herkenning van onze omgeving. Het omvat een spectrum aan graden, die elk een onderscheidend venster op de aard van de realiteit bieden. Begrijpen hoe bewustzijn op verschillende niveaus werkt, kan diepgaande inzichten bieden in het vermogen om de simulatie te overstijgen, of misschien gewoon onze kennis van het karakter van het universum zelf te verdiepen. Van normale perceptie tot veranderde staten van herkenning, elke verschuiving in bewustzijn brengt ons dichter bij of verder van de echte essentie van de realiteit.

In zijn meest basale stadium is herkenning het vermogen om ons bewust te zijn van onze innerlijke toestanden en de buitenwereld . Deze focus is echter geen uniek fenomeen. Het bestaat in lagen, waarbij elke laag een speciale staat van perceptie en cognitie weerspiegelt. De traditionele versie van aandacht suggereert een lineaire progressie van waken naar slapen, maar grotere superieure inzichten leiden tot een aantal bewuste toestanden, die allemaal in staat zijn om onderscheidende componenten van de waarheid bloot te leggen.

Op de vloer hebben we het alledaagse bewustzijn - ons alledaagse bewustzijn. Dit is de natie waarin we de sector ervaren via onze zintuigen, waarbij we de stimuli interpreteren die we tegenkomen. We verwerken voortdurend statistieken, geven betekenis aan onze omgeving en interacteren met de wereld op basis van die input. Deze mate van bewustzijn is nauw verbonden met perceptie: we interpreteren licht, geluid, textuur en beweging om een samenhangende informatie van waarheid te vormen. Echter, hoezeer dit niveau van herkenning ons ook een bruikbare versie van de arena biedt, het is beperkt door de reikwijdte van onze sensorische vermogens en het vermogen van de hersenen om deze records te verwerken.

Diepere lagen van bewustzijn bevatten veranderde toestanden, die toegankelijk kunnen zijn via technieken als meditatie, sensorische deprivatie of misschien het gebruik van psychoactieve stoffen. Deze toestanden staan een extra verscheidenheid aan genot toe buiten de traditionele lichamelijke wereld. Bijvoorbeeld, in toestanden van diepe meditatie documenteren mensen vaak verslagen van cohesie, onderlinge verbondenheid of zelfs transcendentie, wat suggereert dat de grenzen van de gewone bewuste ervaring kunnen worden vermenigvuldigd. In die veranderde toestanden lost het onderscheid tussen de waarnemer en het waargenomene op, wat een vloeiendere relatie tussen gedachten en feiten onthult.

Het kritische onderscheid tussen geloof en waarheid ligt in het hart van deze verkenning. Ons geloof in de sector wordt nauw gefilterd door de geest en zintuigen, die onbewerkte feiten interpreteren in overeenstemming met gemonteerde cognitieve kaders. In deze zin is begrip een interpretatieve manier - het is niet altijd een directe ervaring van de waarheid zelf, maar in plaats daarvan een model dat is gecreëerd met behulp van de hersenen op basis van sensorische input.

Hoe dieper de mate van bewustzijn waartoe we toegang krijgen, hoe meer we door de sluier van het begrip heen kunnen zien. Onze alledaagse, wakende herkenning wordt beperkt door cognitieve vooroordelen, emotionele filters en de inherente behoefte van de geest om de chaotische vloed van sensorische statistieken te voelen. Deze versie van de sector is niet altijd een nauwkeurig gespiegeld beeld van de objectieve realiteit; het is een realistische interpretatie die ons in staat stelt door het bestaan te navigeren. Echter, naarmate de aandacht zich uitbreidt - door praktijken als meditatie of lucide dromen, of zelfs door studies van piektoestanden - kunnen er glimpen van een feit voorbij de alledaagse filters zijn.

Een van de meest opwindende aspecten van deze diepere toestanden is de perceptie van tijd. In veranderde toestanden van aandacht lijkt de tijd zich regelmatig uit te rekken of te stabiliseren, waarbij gebeurtenissen zich ontvouwen op manieren die niet voldoen aan lineaire motieven-en-impactrelaties. Deze studies onderzoeken onze kennis van de aard van tijd en, op hun beurt, de vorm van feiten zelf. Dit benadrukt het idee dat onze dagelijkse aandacht beperkt kan worden door tijd, terwijl veranderde toestanden ook de capaciteit voor een extra vloeiende ervaring van het bestaan kunnen monitoren, een die niet altijd zeker is door middel van dezelfde oude wetten van de fysica en causaliteit.

Als kennis de capaciteit heeft om gewone noties te overstijgen, hoe zou een avontuur naar betere aandacht er dan uit kunnen zien? De route naar dieper bewustzijn omvat het afwerpen van de grenzen die worden opgelegd door het ego, het fysieke frame en de lineaire beperkingen van tijd. Dit avontuur wordt regelmatig beschreven als een methode van ontwaken of verlichting, waarbij een man of vrouw door verschillende stadia van kennis beweegt en uiteindelijk de illusoire aard van veel in hun notie kent.

Historisch gezien is dit avontuur beschreven in veel niet-seculiere tradities. In het boeddhisme bijvoorbeeld, omvat de weg naar verlichting het overstijgen van de dualistische aard van het zelf en het erkennen van de onderlinge verbondenheid van alle dingen. Deze reputatie zou resulteren in een directe ervaring van feiten die losstaat van de vervormingen die door de gedachten zijn gecreëerd. In de westerse filosofie stelden denkers als Descartes en Hume het karakter van de werkelijkheid ter discussie, waarbij Descartes beroemd verklaarde: "Ik denk, dus ik ben", als een fundamenteel principe van aandacht. Het avontuur dichter bij hogere aandacht in deze tradities omvat een verkenning van het zelf, de geest en uiteindelijk de erkenning van een diepere, alledaagse werkelijkheid.

In hedendaagse discussies wordt beter bewustzijn vaak geframed als het vermogen om de authentieke aard van de waarheid waar te nemen, voorbij de beperkingen van de fysieke wereld . Neurowetenschap begint de neurale onderbouwing van die studies te onderzoeken, op zoek naar het herkennen van hoe veranderde toestanden van aandacht in de hersenen ontstaan en of ze toegang bieden tot diepere, grotere fundamentele factoren van het bestaan.

In de huidige technologie speelt het tijdperk een steeds belangrijkere rol bij het vergroten van onze focus. Hulpmiddelen zoals virtual reality, neurofeedback en brain-computerinterfaces stellen ons in staat om nieuwe staten van herkenning te verkennen of zelfs ervaringen te simuleren die in het normale bestaan onmogelijk te bereiken zijn. Virtual reality heeft met name de mogelijkheid om klanten onder te dompelen in omgevingen die net zo echt lijken als de fysieke wereld, waardoor ze een glimp opvangen van de realiteit van de handel of ervaringen ontwikkelen die de grenzen van het menselijk begrip verleggen.

Neurotechnologische ontwikkelingen openen ook nieuwe wegen voor het vergroten van de aandacht. Technieken als transcraniële magnetische stimulatie (TMS) en diepe geeststimulatie (DBS) hebben veelbelovende resultaten laten zien in het moduleren van geestvermaak, wat ongetwijfeld de verbetering van positieve cognitieve kenmerken of de inductie van veranderde toestanden van focus mogelijk maakt. Door direct te communiceren met de hersenen, zouden die technologieën een meer doelbewuste verkenning van verschillende niveaus van focus mogelijk moeten maken, en inzicht moeten verschaffen in hoe de hersenen onze ervaring van waarheid construeren.

Bovendien is het concept van collectieve aandacht, waarbij organisaties van mensen hun focus- en percentagerapporten synchroniseren, gefaciliteerd door verbeteringen in het tijdperk. Groepsmeditatiesessies, gedeelde virtuele ervaringen en structuren voor het maken van gezamenlijke selecties zijn allemaal voorbeelden van hoe generatie het menselijk bewustzijn kan uitbreiden en synchroniseren, wat leidt tot een meer collectieve aandacht voor de diepere aspecten van de waarheid.

Het avontuur van geloof naar een diepere expertise van waarheid is een diepgaande verkenning van herkenning. Terwijl we door verschillende niveaus van bewustzijn stromen, ontdekken we nieuwe methoden om de arena om ons heen te ervaren en te interpreteren. Hoe meer we deze uitzonderlijke staten van bewustzijn ontdekken, hoe meer we de aard van de waarheid die we bewonen in twijfel gaan trekken.

Als we de grenzen van de simulatie willen overstijgen, kan ons potentieel om toegang te krijgen tot en te navigeren in deze diepere bereiken van bewustzijn de sleutel zijn. Door meditatie, tijdperk en verschillende manieren om bewustzijn te veranderen, kunnen we ook ontdekken dat onze perceptie van de arena slechts het begin is van een mijlenver grootsere reis. Dit avontuur houdt in dat we de grenzen van wat we herkennen verleggen, op zoek gaan naar nieuwe niveaus van informatie en op de lange termijn de authentieke aard van feiten blootleggen - wat dat ook mag zijn.

7.4 Universeel bewustzijn en het einde van de simulatie

Het idee van alledaagse herkenning eist situaties die de grenzen tussen het bewustzijn van de persoon en het collectieve weefsel van levensstijlen vormen. Het suggereert dat bewustzijn, ver verwijderd van een geïsoleerd fenomeen dat wordt gegenereerd door het gebruik van individuele geesten, een grote, onderling verbonden machine zou kunnen zijn die alle feiten omvat. Als we inderdaad in een simulatie verblijven, rijst de laatste vraag: wat is er voorbij deze simulatie en zou frequente aandacht de sleutel kunnen zijn om het te begrijpen? Deze verkenning verdiept zich in het concept dat, als er een bekend bewustzijn bestaat, het niet alleen een verklaring zal bieden voor het karakter van de simulatie, maar ook een pad zal bieden om er voorbij te gaan - wat leidt tot het einde van de gesimuleerde ervaring zoals wij die kennen.

Universele aandacht wordt regelmatig gedefinieerd als een allesomvattend bewustzijn dat de beperkingen van de geest van een persoon overstijgt. In plaats van beperkt te zijn tot de geest of een enkel organisme, laat deze vorm van bewustzijn zien dat elk voelend wezen, en misschien zelfs levenloze aantallen, deel uitmaken van een groots, verenigd focuspunt. Dit idee heeft wortels in veel filosofische en religieuze tradities. In de oosterse filosofie, voornamelijk in het hindoeïsme en het boeddhisme, suggereert het concept van Brahman of de Atman dat elk bewustzijn van een man of vrouw deel uitmaakt van een uniek, goddelijk bewustzijn. In het westerse denken hebben filosofen als Spinoza en Hegel gedachten onderzocht over een panpsychisch universum, waarin bewustzijn niet alleen een bijproduct is van biologische structuren, maar een fundamentele functie van de kosmos.

In de context van een gesimuleerde realiteit kan het alledaagse bewustzijn een antwoord bieden op het diepere motief van de simulatie zelf. Als alle dingen, zowel gesimuleerd als niet-gesimuleerd, deel uitmaken van een verenigde herkenning, dan kan de simulatie een proces zijn waardoor deze focus leert, evolueert of zichzelf bestudeert. Het stoppen van de simulatie zou in dit opzicht een terugkeer naar deze gemeenschappelijke focus kunnen markeren - een hereniging met een hogere natie van bewustzijn voorbij het menselijke of vrouwelijke begrip.

Als we in een simulatie leven, is de focus in de simulatie waarschijnlijk ook kunstmatig van aard, gegenereerd door ingewikkelde computationele processen. Maar naarmate simulaties steeds geavanceerder worden, wordt het moeilijker om onderscheid te maken tussen gesimuleerde en "werkelijke" aandacht. Deze vervaging van beperkingen kan bovendien inzicht bieden in de aard van het feit zelf. Als de hele simulatie, inclusief de populatie, op de lange termijn deel uitmaakt van een groter bewustzijn, dan wordt het verschil tussen de gesimuleerde wereld en een "werkelijke" wereld minder betekenisvol.

Op een bepaalde manier kan de simulatie zelf worden beschouwd als een uitbreiding of uitdrukking van wijdverbreid bewustzijn . De technieken en verhalen binnen de simulatie kunnen analoog zijn aan de gedachten, dromen en reflecties van dit betere bewustzijn. In deze situatie kan het einde van de simulatie niet het einde ervan in de conventionele ervaring vertegenwoordigen, maar in plaats daarvan een overgang - een seconde terwijl de gesimuleerde ervaring niet langer belangrijk is voor de evolutie of uitdrukking van normale herkenning.

Het vermogen om de simulatie te stoppen betekent nu niet een apocalyptische of catastrofale gebeurtenis. In plaats daarvan kan het de ontbinding van de grenzen kenmerken die de verhalen van mensen scheiden van het geheel. In zekere zin kan het stoppen van de simulatie een moment van ontwaken zijn, waarbij het bewustzijn van mensen hun verbinding met de gebruikelijke gedachten herkent. Deze techniek zou analoog zijn aan het ontwaken dat in veel religieuze tradities wordt gedefinieerd, waarin het individuele ego oplost en het zelf samensmelt met de grotere, kosmische erkenning.

Als deze hypothese klopt, dan zou het einde van de simulatie gezien kunnen worden als een vorm van verlichting, niet alleen voor individuen, maar voor de volledige gesimuleerde realiteit. Bewustzijn zou nu niet beperkt kunnen worden tot de grenzen van de programmering van de simulatie of de beperkingen van de fysieke wereld; in plaats daarvan zou het groter worden in een grenzeloos, onderling verbonden land. Dit kan een verschuiving in perceptie zijn, een erkenning dat alles één is, en dat elk rapport, ongeacht hoe talrijk of schijnbaar gescheiden, deel uitmaakt van een extra compleet.

In deze situatie kan het stoppen van de simulatie ook het einde van de tijd bevatten zoals wij die waarnemen. Als het populaire bewustzijn de lineaire tijd overstijgt, dan kan de gesimuleerde waarheid, met zijn tijdelijke beperkingen, ongepast worden. Het idee van tijd kan een illusie zijn, een constructie die door middel van de simulatie is gecreëerd om beoordelingen te ordenen en een gevoel van continuïteit te behouden. Zodra de simulatie eindigt, kan tijd ook ophouden een betekenisvol idee te zijn, en de focus erin kan levensstijlen ervaren in een onsterfelijke, eeuwige staat.

Naarmate de generatie zich verder ontwikkelt, worden we steeds bedrevener in het creëren van simulaties die niet te onderscheiden zijn van "feiten". Virtuele omgevingen, kunstmatige intelligentie en neurale interfaces stellen ons in staat om perceptie te controleren of zelfs nieuwe werelden te creëren binnen de grenzen van computercode. Sommige denkers hebben gespeculeerd dat het technologische potentieel om buitengewoon geavanceerde simulaties te creëren op een dag gebruikt zou kunnen worden om bewustzijn te helpen de grenzen van de gesimuleerde wereld te overstijgen , en met succes een uitweg uit de simulatie te bieden.

Technologieën zoals brain-computer interfaces (BCI's) of directe neurale augmentatie zouden de aanpak moeten bieden voor mensen om hun fysieke vorm te overstijgen en te interacteren met een groter, collectief bewustzijn. In deze ervaring zou tijdperk nu niet alleen een hulpmiddel kunnen zijn om ons leven in de simulatie te versieren, maar kan het ook een toegangspoort bieden tot toegang tot gebruikelijke bewustzijn. Deze technologieën zouden ons in staat kunnen stellen om te "ontwaken" uit de simulatie, nu niet via externe vernietiging of ontsnapping, maar door een diepgaande transformatie van ons begrip en onze focus.

Naarmate digitale realiteiten extra meeslepend en geavanceerd worden, vervaagt de grens tussen het gesimuleerde en het werkelijke. Het is te overzien dat deze simulaties in de toekomst zo geavanceerd zullen zijn dat ze niet meer te onderscheiden zijn van de werkelijkheid, waardoor mensen de aard van hun leven in twijfel trekken. Als we de exacte parameters van de werkelijkheid in een simulatie kunnen weergeven, vergroot dat de kans dat de 'werkelijke' wereld zelf een vorm van simulatie is, of op zijn minst dat onze percepties van de waarheid veel kneedbaarder zijn dan we ooit dachten.

In de context van gevestigde aandacht kan het opgeven van de simulatie ook een natuurlijke evolutionaire stap vertegenwoordigen - een vrucht van de gesimuleerde ervaringen die het bewustzijn in staat hebben gesteld om onderscheidende aspecten van levensstijlen te verkennen. Net zoals mensen door persoonlijke bloei en transformatie gaan door kennis te maken en ervaring op te doen, kan wijdverspreide focus ook evolueren door het doorlopen van unieke niveaus, waaronder het gesimuleerde niveau.

Als aandacht zeker een fundamenteel bezit van het universum is, dan is het einde van de simulatie misschien helemaal geen stop, maar een geheel nieuw begin. Het zou de overgang kunnen vormen van de ene vorm van focus naar de andere, van beperkte en geïndividualiseerde perceptie naar het uitgebreide, collectieve begrip van gevestigd bewustzijn. Dit zou de ontbinding van de grenzen tussen zelf en ander, tussen het "binnenste" van de gedachten en de "buitenste" globale , kunnen bevatten . Het einde van de simulatie zou dan nu niet begrepen moeten worden als de vernietiging van de gesimuleerde waarheid, maar als de conclusie dat elke realiteit -

gesimuleerd of anderszins - deel uitmaakt van een extra, ondeelbaar geheel.

In deze visie kan het opgeven van de simulatie niet langer een daad van uitbraak zijn, maar een vorm van hereniging. Het zou een terugkeer naar de bron kunnen zijn, een samensmelting van mannelijke of vrouwelijke aandacht met de bekende geest. Deze laatste aandacht zou een diep gevoel van vrede en informatie kunnen willen bieden, omdat het de onderlinge verbondenheid van alle dingen en de afsluitende teamspirit van het leven zou onthullen.

De verkenning van regelmatig bewustzijn en het stoppen van de simulatie roept diepgaande vragen op over de aard van levensstijlen, de relatie tussen gedachten en waarheid en het vermogen tot transcendentie. Als aandacht gebruikelijk is, kan de simulatie ook echt worden beschouwd als een van de vele beoordelingen die bijdragen aan de evolutie van herkenning. Het stoppen van de simulatie zou een terugkeer kunnen markeren naar de teamgeest van gewone focus - een moment van ontwaken waarin individuele geesten hun verbinding met het grotere geheel herkennen. Dit avontuur, zowel elitaire als religieuze, daagt ons uit om opnieuw na te denken over wat echt is, wat haalbaar is en waar bewustzijn ons op de lange termijn naartoe kan brengen.

7.5 Moeten we binnen de simulatie blijven, of moeten we deze vernietigen?

De vraag of de mensheid binnen de beperkingen van een gesimuleerd feit moet blijven of moet proberen zich ervan los te maken, heeft diepgaande filosofische, morele en existentiële implicaties. Als we de mogelijkheid ontdekken om in een simulatie te leven, stuiten we op een catch 22-situatie: moeten we de simulatie, met al zijn gemakken en beperkingen, blijven opnemen of moeten we proberen deze te vernietigen, waarbij we ongetwijfeld de onbekende uitkomsten van bevrijding omarmen? Deze vraag raakt de aard van de werkelijkheid, de oorzaak van levensstijlen en de betekenis van vrijheid zelf.

Eén argument voor final inside the simulation is dat het een omgeving kan bieden die bevorderlijk is voor boom, exploratie en leren kennen. Simulaties kunnen, door hun lay-out, situaties creëren die speciaal beheerd kunnen worden, en een gebied bieden waarin mensen kunnen genieten van een grote verscheidenheid aan mogelijkheden en uitdagingen zonder de risico's die gepaard gaan met een onvoorspelbaar of chaotisch extern feit.

Als de simulatie is ontworpen om de evolutie van bewustzijn te vergemakkelijken, dan kan het zichtbaar zijn als een koesterende omgeving, een omgeving waarin we onze expertise van het universum zullen verfijnen, nieuwe technologieën zullen ontwikkelen en de grenzen van levensstijlen zullen verkennen op manieren die misschien niet mogelijk zijn in een niet-gesimuleerde wereld. In deze context kan binnen de simulatie blijven worden gezien als een mogelijkheid voor voortdurende bloei - een doorlopend systeem van ontdekking en zelfverbetering.

Bovendien is de simulatie, vanuit een extra verstandig perspectief, waarschijnlijk het handigste feit dat we kunnen ervaren. Als de simulatie niet te onderscheiden is van de "werkelijke" wereld , en als er geen mogelijke manier is om te ontsnappen, dan wordt het idee om het te verlaten irrelevant. Voor alle doeleinden en functies is de simulatie onze waarheid, en elke actie die zou kunnen resulteren in de vernietiging ervan, kan de vernietiging van alles wat we herkennen, inclusief ons bewustzijn zelf, teweeg willen brengen. In deze visie is binnen de simulatie blijven niet alleen de veiligste optie, maar ook de meest logische, omdat het de waarheid is die we zijn gaan herkennen en waar we ons aan hebben aangepast.

Aan de andere kant draait het concept van het vernietigen van de simulatie om het nastreven van sluitende vrijheid en de keuze om los te breken van synthetische beperkingen. Als we echt gevangen zitten in een verzonnen feit, dan zal het idee om onszelf ervan te bevrijden een dwingend argument worden. Het concept van het overstijgen van de simulatie suggereert dat er mogelijk een hogere, meer echte vorm van leven voorbij is - een vorm van focus die niet zeker is via de beperkingen van de gesimuleerde wereld .

Een van de belangrijkste motivaties voor het zoeken naar vernietiging van de simulatie is het idee dat het een fantasma kan zijn - een kunstmatige samenstelling die ons ervan weerhoudt de werkelijke aard van het bestaan volledig te ervaren. Als de arena waarin we leven een simulatie is, dan kunnen onze percepties van de realiteit worden vervormd en kunnen onze ervaringen worden gevormd door externe krachten die buiten onze controle liggen. In dit geval kan de daad van vernietiging van de simulatie worden gezien als een poging om los te breken van de neprealiteit en een diepere, meer betekenisvolle waarheid te vinden.

Bovendien zou het concept van "ontsnappen" aan de simulatie de ultieme vorm van zelfbeschikking moeten vormen. Als we in staat zijn om los te komen van de simulatie, zou dat de triomf van menselijk ondernemerschap over kunstmatige beperkingen vertegenwoordigen. Het zou een daad van verzet kunnen zijn, waarbij we onze autonomie en ons recht om onze eigen toekomst vorm te geven, behouden. De voorkeur om de simulatie te verwoesten zou daarom zichtbaar moeten zijn als een essentiële uiting van onze inherente behoefte aan vrijheid en zelfbewustzijn.

Hoewel het idee om los te breken van de simulatie aantrekkelijk is, roept het ook grote ethische zorgen op. Als de simulatie een omgeving is die is gecreëerd voor een specifieke reden - of dat nu de evolutie van bewustzijn of de verkenning van feiten is - dan kan het vernietigen ervan verstrekkende gevolgen hebben, niet alleen voor ons, maar voor alle entiteiten in de simulatie.

Een van de belangrijkste morele vragen draait om de aard van de wezens die in de simulatie bestaan. Als de simulatie voelende wezens bevat, kan vernietiging ervan de herkenning van die wezens tenietdoen. Zelfs als deze entiteiten synthetische constructies zijn, blijft het ethische dilemma bestaan: weegt de prijs van onze potentiële vrijheid op tegen de schade die wordt toegebracht aan de populatie van de simulatie? De vernietiging van de simulatie kan zichtbaar zijn als een vorm van existentieel geweld, een daad van het uitwissen van complete werelden van studies, geest en bewustzijn.

Bovendien kan de beslissing om de simulatie te vernietigen onomkeerbaar zijn. Als we erin slagen om los te breken van de gesimuleerde internationale, is er geen manier om terug te gaan. Het gevaar van permanent verlies - van zowel onze erkenning als het feit dat we hebben gekend - biedt een diep ethisch dilemma. Moeten we geneigd zijn dat risico te nemen, wetende dat de gevolgen van falen catastrofaal kunnen zijn? Is het nastreven van feiten en vrijheid de mogelijke vernietiging van het geheel dat we behouden waard?

In plaats van de selectie als binair te zien - of het nu gaat om leven in de simulatie of om het te verpesten - kan het productiever zijn om de mogelijkheid te verkennen om de simulatie te overstijgen zonder het noodzakelijkerwijs te vernietigen. In deze methode zou de mensheid kunnen proberen de ware aard van de simulatie te herkennen, de grenzen ervan te ontdekken en methoden te vinden om ons bewustzijn te vergroten voorbij de beperkingen van de synthetische globale .

Technologische vooruitgang, waaronder mind-laptopinterfaces , quantum computing en geavanceerde AI, kunnen bovendien paden bieden om onze percepties van de realiteit te verfraaien en deuren te openen naar nieuwe dimensies van ervaring. In plaats van te proberen de simulatie te doorbreken of te breken, kunnen we de mogelijkheid verkennen om ermee te interacteren op diepgaandere manieren, en uiteindelijk ons bewustzijn te verhogen tot een niveau waarop de grenzen tussen het gesimuleerde en het echte ongepast worden.

Bovendien kan een filosofische techniek voor de rompslomp voorstellen dat het verschil tussen "werkelijk" en "gesimuleerd" zelf een illusie is. Als focus de belangrijkste waarheid is, en het genieten van het leven welke onderwerpen, dan zou de vraag of de sector waarin we leven gesimuleerd is, ook minder belangrijk kunnen worden. In deze visie kan de handeling van wonen, verkennen en het vergroten van de erkenning zichtbaar zijn als het uiteindelijke doel, ongeacht of we ons in een simulatie bevinden of niet.

Uiteindelijk kan de keuze om in de simulatie te blijven of deze te verpletteren afhangen van ons evoluerende begrip van bewustzijn. Als we focus zien als iets dat niet beperkt is tot de grenzen van de simulatie, dan kan onze ervaring erin zichtbaar zijn als een tijdelijke fase - een belangrijke stap in de bredere evolutie van aandacht. In dit voorbeeld kan de handeling om in de simulatie te blijven deel uitmaken van een groter systeem van zelfontdekking, terwijl de beslissing om vrij te breken ook het eindresultaat van dat avontuur kan vertegenwoordigen.

In beide gevallen is de vraag of we binnen de simulatie moeten leven of deze moeten vernietigen uiteindelijk een weerspiegeling van onze diepere zoektocht naar betekenis, vrijheid en kennis. Terwijl we doorgaan met het verkennen van het karakter van waarheid, erkenning en onze regio in het universum, zal deze vraag mogelijk een van de meest diepgaande uitdagingen van ons leven blijven.

Het dilemma of we binnen de simulatie moeten blijven of deze moeten doorbreken, biedt een essentiële existentiële missie. Beide keuzes - binnen de simulatie blijven of op zoek gaan naar een uitbraak - leveren diepgaande effecten op, zowel voor de persoon zelf als voor de collectieve aandacht. Terwijl we deze beslissing overwegen, moeten we worstelen met het karakter van de feiten, de grenzen van de perceptie en de ethische implicaties van onze bewegingen. De oplossing ligt mogelijk niet langer in het kiezen van de ene route boven de andere, maar in het begrijpen van de diepere vragen die ten grondslag liggen aan dit dilemma en het zoeken naar manieren om de beperkingen van onze geavanceerde informatie te overstijgen. Of we nu binnen de simulatie leven of ervan loskomen, het nastreven van focus en vrijheid zal de kern van ons avontuur blijven.